MEDITACIÓN

Técnicas Rápidas De Meditación Para Personas

(Guía De Meditación Para Personas Ocupadas
Para Curar Depresión, Ansiedad Y Estrés)

Iwan Alba

Publicado Por Daniel Heath

© Iwan Alba

Todos los derechos reservados

*Meditación: Técnicas Rápidas De Meditación Para Personas
(Guía De Meditación Para Personas Ocupadas Para Curar
Depresión, Ansiedad Y Estrés)*

ISBN 978-1-989808-41-2

Este documento está orientado a proporcionar información exacta y confiable con respecto al tema y asunto que trata. La publicación se vende con la idea de que el editor no esté obligado a prestar contabilidad, permitida oficialmente, u otros servicios cualificados. Si se necesita asesoramiento, legal o profesional, debería solicitar a una persona con experiencia en la profesión.

Desde una Declaración de Principios aceptada y aprobada tanto por un comité de la American Bar Association (el Colegio de Abogados de Estados Unidos) como por un comité de editores y asociaciones.

No se permite la reproducción, duplicado o transmisión de cualquier parte de este documento en cualquier medio electrónico o formato impreso. Se prohíbe de forma estricta la grabación de esta publicación así como tampoco se permite cualquier almacenamiento de este documento sin permiso escrito del editor. Todos los derechos reservados.

Se establece que la información que contiene este documento es veraz y coherente, ya que cualquier responsabilidad, en términos de falta de atención o de otro tipo, por el uso o abuso de cualquier política, proceso o dirección contenida en este documento será responsabilidad exclusiva y absoluta del lector receptor. Bajo ninguna circunstancia se hará responsable o culpable de forma legal al editor por cualquier reparación, daños o pérdida monetaria debido a la información aquí contenida, ya sea de forma directa o indirectamente.

Los respectivos autores son propietarios de todos los derechos de autor que no están en posesión del editor.

La información aquí contenida se ofrece únicamente con fines informativos y, como tal, es universal. La presentación de la información se realiza sin contrato ni ningún tipo de garantía.

Las marcas registradas utilizadas son sin ningún tipo de consentimiento y la publicación de la marca registrada es sin el permiso o respaldo del propietario de esta. Todas las marcas registradas y demás marcas incluidas en este libro son solo para fines de aclaración y son propiedad de los mismos propietarios, no están afiliadas a este documento.

TABLA DE CONTENIDO

parte 1 1
Introducción 2
Capítulo1: Historia Del Budismo 4
¿QUÉ ES EL BUDISMO? 12
¿QUIÉN ES BUDA? 15
¿POR QUÉ PRACTICAR LA MEDITACIÓN? 23
BENEFICIOS DE LA MEDITACIÓN 24
Capítulo2: Las Enseñanzas Del Budismo 26
LAS CUATRO NOBLES VERDADES 28
EL NOBLE CAMINO ÓCTUPLE 28
LA CADENA CAUSAL 29
LAS TRES MARCAS DE LA EXISTENCIA 33
LOS TRES FUEGOS 36
Capítulo3: Las Cuatro Nobles Verdades 38
DESEO O SUFRIMIENTO (DUKKHA) 39
SED O ANHELO (SAMUDAYA) 41
CESACIÓN DEL DESEO O SUFRIMIENTO (NIRODA) 42
EL CAMINO MEDIO (MAGGA) 43
EL NOBLE CAMINO ÓCTUPLE 45
Visión Correcta 45
Determinación Correcta 46
Virtud Moral 47
Hablar Correcto 47
Actuar Correcto 49
Medio De Vida Correcto 50
Esfuerzo Correcto 52

Mindfulness O Atención Plena Correcta *53*
Samadhicorrecto (O Estado De Concentración Intensa)
.... *54*

Capítulo4: Cómo Practicar Los Cinco Preceptos Del Budismo 58

PRIMER PRECEPTO: NO QUITAR LA VIDA INTENCIONALMENTE A NINGÚN SER VIVO. 58
TERCER PRECEPTO: NO UTILIZAR LOS SENTIDOS DE UNA MANERA INCORRECTA. 60
CUARTO PRECEPTO: NO HABLAR FALSEDADES. 61
EL QUINTO PRECEPTO ENFATIZA EL DAÑO CAUSADO POR BEBER ALCOHOL Y TOMAR DROGAS Y ESTIMULANTES INNECESARIOS. 61

Capítulo5: La Esencia La Vida Y La Iluminación 63

AYUDAR A OTROS 64
CULTIVAR LAS CUATRO MORADAS SUBLIMES 64
APLICAR LAS SEIS PERFECCIONES 66
Conducta Moral *68*

Capítulo6: Practicando La Meditación Mindfulness Para Aliviar El Estrés Y La Ansiedad 72

RESPIRACIÓN EN LA MEDITACIÓN 76

Capítulo7: Tu Forma Humana Budista 82

COMER SANO 83

Capítulo8: Cómo Mejorar Tu Estilo De Vida Utilizando La Meditación 91

CONSEJOS PARA ACALLAR TU MENTE 94

Capítulo9: Técnicas De Meditación 100

ESTRATEGIAS DE MEDITACIÓN #1: PRINCIPIANTES.............. 100
ESTRATEGIAS DE MEDITACIÓN #2: INTERMEDIO................. 103
ESTRATEGIAS DE MEDITACIÓN #3: EXPERTO...................... 107

Capítulo10: Cómo Establecer Una Rutina De Meditación 114

Conclusión 117

Parte 2 118

Introducción 119

La Necesidad De Meditar 126

LA MEDITACIÓN ES ENRIQUECIMIENTO PARA TU ALMA. 126
BENEFICIOS DE LA MEDITACIÓN PARA LA SALUD: 127
BENEFICIOS DE LA MEDITACIÓN SOBRE LA SALUD DE LA MUJER Y EL EMBARAZO: 129

Tipos De Meditación 132

MEDITACIÓN DE ATENCIÓN ENFOCADA 132
MEDITACIÓN DE MONITOREO ABIERTO 133
PRESENCIA SIN ESFUERZO 134

Meditación Budista 135

Meditación Vipassana 138

ORIGEN Y SIGNIFICADO 138
CÓMO HACERLO 139
MEDITACIÓN DE MINDFULNESS 143
MEDITACIÓN DE BONDAD AMOROSA (MEDITACIÓN METTA) 146

Meditación Trascendental (Mt) 152

MEDITACIONES DE YOGA 154

Autoinvestigación Y Meditación "Yo Soy" 160
Qigong (Chi Kung) 166
Meditación De Bondad Amorosa............................ 173
Meditaciones Transformadoras 181
Postura De Meditación 183
Meditación Respiratoria 186
Budismo Hoy.. 189
Conclusión 191

Parte 1

INTRODUCCIÓN

Todo aquel que ha caminado en esta tierra, tarde o temprano ha muerto.Cada quien ha experimentado la vida de distintas maneras. Pero ¿Cuántos de ellos han vivido realmente? ¿Cuántos han encontrado la manera de vivir? En la sociedad de hoy, existen muchas fuerzas que nos empujan de derecha a izquierda. Tenemos muchas responsabilidades y a veces nos perdemos en nuestros propios pensamientos, incapaces de percatarnos de las visiones que nos pudieran llevar a la felicidad.

La meditación viene de muchas formas y maneras.Pero yo encontré mi método definitivopara disfrutar de una mente y un corazón transparentes a través de la práctica del budismo.

Este libro te paseará a través de una breve historia del budismo y las enseñanzas que se originaron en el curso de la historia. Se profundizará en las prácticas del budismo y cómo pueden ayudarte a tener un mejor y más activoestilo de vida.Contribuirá para que encuentres la mente clara que siempre quisiste tener.Yo te ayudaré a tomar las decisiones que nunca imaginaste pudieras tomar.

Por último, espero que las técnicas en este libro y las prácticas de meditación siempre estén allí cuando más las necesites.

CAPÍTULO 1: HISTORIA DEL BUDISMO

Dado tu interés por el budismo y que el budismo comienza con Buda, la historia de su vida aparece como un punto de partida lógico. Debido a que mi idea es darte aquello que necesitas para comprender la base del budismo yescribo primeramente para los lectores anglo parlantes, trataré de utilizar el menor número de vocablos extranjeros que pueda; paso malos ratos con las palabras en sánscrito y a menudo siento que obstruyen el mensaje. Pero una vez tomada la decisión de aprender más, existen innumerables recursos que llevan al conocimiento deseado, incluyendo todos los vocablos en Sánscrito.

La siguiente es una versión simplificada de una interpretación de su historia:

El hombre, Siddhartha Gautama, quien fue conocido como "Buda" (el cual es un título cuyo significado literal es "El Iluminado"), nació como príncipe de un gran clan en lo que hoy se conoce como Nepal, un pequeño país en los límites nororientales de la India, hace alrededor de 2500 años.

Su hermana se adjudicó la tarea de criarle. Él era un niño amable y sabio, tan ampliamente compasivo por los otros seres vivos, que se conmocionaba grandemente de ver a los granjeroslabrando la tierra debido a que el arado dañaba a los gusanos. Con ocasión de su décimo cumpleaños, los astrólogos de la época fueron convocados a vaticinar lo que el rey podía esperar de su hijo. Todos los adivinos coincidieron en que el joven príncipe se convertiría, bien en un poderoso gobernante con gran habilidad militar, o en un gran maestro espiritual cuyas enseñanzas abarcarían el mundo entero. El rey quedó igualmente encantado y consternado al escuchar aquello.

Siendo un rey guerrero, él quería que su hijo se convirtiera en un poderoso gobernante. La profecíaauguraba que, si Siddhartha miraba a un anciano, a un enfermo, a un hombre muerto y a un monje, entonces podría escoger la vida espiritual. El rey decidió que la mejormanera de evitar que Siddhartha se convirtiese en monje, era construir un palacio de placer en el que sólo hubiese personas jóvenes, saludables y atractivas con las cuales su hijo interactuaría. Aquél que cayera enfermo, sería retirado de inmediato. De este modo, el Príncipe Siddhartha estaba protegido de muchas de las realidades de la vida.

A la edad de 15 años, Siddhartha deseaba ver más del mundo, por lo que se planificó una excursión. Aunque se tomaron muchas medidas para protegerle de las visiones presagiadas, una vez fuera de las puertas del palacio, Siddhartha contempló a un anciano, a un enfermo y a un hombre muerto. Debido a que él nunca había visto tales cosas, sus primos debieron explicarle la enfermedad, la vejez y la muerte en los rostros humanos. Siddhartha se encontraba muy consternado al aprender aquellasvicisitudes. Entonces, miró un monje que parecía calmado, pacífico y feliz, y se le explicó que el monje se había desprendido de las cosas de este mundo como una manera de superar tales aflicciones.

Notando que su hijo pensaba en esos asuntos, el rey hizo los arreglos para que Siddhartha contrajera nupcias con su hermosa prima, y crear así una distracción para el joven príncipe. Ambos contaban con 16 años. Con el tiempo, nació un niño de esa unión, pero aún cuando Siddhartha amaba a su esposa y a su pequeño hijo, no podía deshacerse del conocimiento del sufrimiento que enfrentarían en sus vidas. Sintiendo gran compasión, prometió encontrar un modo de salvarles de tal sufrimiento. Era evidente que no encontraría las respuestas que buscaba en su palacio cuidadosamente labrado, así que ideó callados planes para marcharse.

Sabiendo que el rey no le permitiría marchar, acordó con su mejor amigo y confidente Channa (quien también era su primo), para que le esperase con su caballo listo en las afueras del palacio, y una noche besó a su esposa e hijo y silenciosamente se esfumó. Una vez en las afueras de la ciudad, Siddhartha se deshizo de sus ropajes de príncipe, cortó su cabello con el cuchillo, entregó las riendas de su caballo a Channa y le mandó de regreso a la ciudad, alejándose solo en la oscuridad de la noche. Contaba entonces 29 años.

Luego de deambular un poco, fue a estudiar con su primer maestro, un hombre sagaz. No obstante, tiempo después, siendo una suerte de prodigio espiritual, supo que el maestro poseía conocimiento, mas no sabía cómo lograr la liberación de las tres aflicciones – enfermedad, vejez y muerte. Así que decidió despedirse y fue con su segundo maestro. Allí aprendió mucho más, pero la respuesta a la liberación de las aflicciones aún le eludía. De nuevo se despidió de otro maestro. En este punto, sintió que quizá su conocimiento y esfuerzo le guiarían a la libertad.

Se unió a una pequeña cuadrilla de monjes errantes llamados ascetas. Estos hombres creían que hambreando el cuerpo y situándose a sí mismos en una profunda adversidad física, podrían alcanzar la liberación de las aflicciones. Siddhartha, que era diligente y determinado, pronto llegó a ser muy respetado de entre estos monjes. Durante años, Siddhartha practicó, pasando largos períodos comiendo apenas un grano de arroz al día, e incluso, ni eso siquiera. Se volvió delgado y más débil, pero continuó, creyendo que, a través del ascetismo, conseguiría la iluminación, la liberación del sufrimiento.

Un día, luego de no haber probado bocado en largo tiempo, de desmayó. Una joven pastora llamada Sujata se topó con el raquítico cuerpo de Siddhartha y advirtiendo que este monje delgado hasta el hueso moriría si no recibía nutrientes pronto, alimentó a Siddhartha conalgo de leche tibia de cabra. Reparando en que habría muerto de no ser por la ayuda de la chica, y sin estar cerca todavía de la respuesta que buscaba, Siddhartha decidió que el ascetismo no era el camino a la iluminación. Lentamente comenzó a comer de nuevo.

Una mañana, una joven lugareña le facilitó unas deliciosas gachas y dijo: "Que encuentres aquello que buscas". En ese momento, Siddhartha consiguió sitio bajo un gran árbol e hizo el juramento de que no se movería hasta saber la respuesta a cómo escapar de las tres aflicciones. Se dice que permaneció inmóvil por 49 días. Durante largas horas luchó en contra de Maya, aquel extremado tirón, sutil a veces, que guía a muchos a abandonar la vida espiritual, parecido de cierta manera a la noción cristiana de "Satán". En algún punto durante este tiempo, escuchó parte de una conversación donde un maestro decía a su pupilo que "… si las cuerdas están muy ajustadas, no podrá tocarse. Del mismo modo, si están muy sueltas no podrá tocarse. Las cuerdas deben estar balanceadas para producir música".

Se dice que Siddhartha encontró su respuesta con aquella afirmación. Luego de años de búsqueda, se convirtió en "Buda" o "El Iluminado". Tenía 35 años de edad. Su respuesta, por cierto, llegó a ser conocida como "El Camino Medio".

Había decidido no enseñar lo que había aprendido, creyendo que nadie querría saber o que nadie tendría la voluntad de hacer lo necesario para entender completamente, pero cambió de opinión cuando se percató de que algunas personas ya se hallaban cerca del entendimiento y sólo requerían un pequeño empujón para despertar. Así que, por el bien de ellos, decidió enseñar.

Sus primeros estudiantes resultaron ser los mismos ascetas con los que pasó años de práctica. Deambuló durante 45 años, enseñando a cientos de miles de personas y ordenando muchos monjes y religiosas en "El Camino Medio". Enseñó a reyes y pobres por igual, sin prestar atención a la casta o posición social, lo que era inusual en aquel tiempo, por decir lo mínimo. Cualquiera que desease aprender era bienvenido a estudiar.

Se dice que Buda murió por un accidente de intoxicación alimentaria a los 80 años de edad. Sus últimas palabras fueron: "Monjes, esta será la última vez que yo les hable. Nada es permanente. Todas las cosas cambian. Trabajen duro para ganar su salvación".

El budismo es una experiencia de vida. Cambia y crece; adapta las nuevas enseñanzas. Es, como lo llamó el finado

Alan Watts, "el comienzo de un diálogo". Las verdades de Buda pueden ser algo diferente de nuestra propia experiencia, pero muchos han advertido el alivio que es el fruto de seguir "El Camino". Con frecuencia toma años, pero la comprensión de la libertad llega en una fracción de segundo. Imagina el acto de nadar explicado con todo detalle; podrías entender cómo sería intelectualmente hablando. Pero el acto de nadar no ocurriría hasta que no entres en el agua y nades. Sólo en ese punto, podrás decir que "nadaste". Igualmente, la iluminación (la realización del acto) puede ser estudiada, discutida y buscada, pero hasta que no es experimentada por sí mismo, sólo es una excelente idea.

¿Qué es el budismo?

¿Te sorprendería saber que el budismo no es una religión? Al menos no en el sentido de institución que dicta cómo se debe creer en un poder divino.

De hecho, no existe deidad a la que adorar, aunque te preguntarás por qué algunos parecen adorar estatuas de Buda. Mientras que, en efecto, existen aquellos que adoran su imagen (erróneamente), los budistas reales presentan merecido respeto a la memoria de Buda. Ellos ni le adoran ni le rezan. El mismo Buda es un guía y maestro para aquellos que buscan el camino a la iluminación.

Mucha gente que se levanta cada mañana con la intención de practicar enseñanzas budistas, encuentran inspiración en la vaga imagen de Buda. No es impropio encontrar motivación en las palabras de una persona afortunada. Su pacífica y meditabunda imagen puede ayudar a entender y recordar las enseñanzas que estás siguiendo cuando la vida se vuelve estresante y tu mente comienza a salirse de curso.

El budismo es un modo de vida que lleva al discernimiento de la verdadera realidad. Sus técnicas se centran en desarrollar tu habilidad de ser consciente de tus pensamientos, de tus acciones y de tu entorno.Todo ello conlleva a una vida que está en consonancia con la naturaleza y tu verdadero "yo".

Las prácticas del budismo – incluyendo la meditación y el yoga – están hechas para ayudarte a desaprender las nociones preconcebidas de ti mismo y del mundo.Ellas sirven de guía para la aceptación de tales cualidades como amabilidad, amor, verdadera sabiduría y conciencia.

Aquellos que continuamente caminan en la senda del budismo, usualmente se encuentran a sí mismos alcanzando el estado de "perfecta iluminación".En otras palabras, se convierten en "Buda". Un Buda es un ser que ha sido capaz de ver la naturaleza de la vida como realmente es. El ser iluminado continúa entonces viviendo una vida plena, entre tanto mantenga los principios que se alinean con esta visión.

La idea de iluminación puede ser desglosada en dos figuras simples: la mente y el "yo". La mente es esa voz constante que ha sido moldeada y construida basada en el mundo a tu alrededor en esta vida.El yo es aquel ser interior que está separado de la carne de tu cuerpo y no cambia basado en ninguna enseñanza o experiencia que la vida te ofrece.Tu verdadero yo es aquello que puede ser comprendido como el queviaja de vida en vida durante la reencarnación.

Cada ser viviente tiene la oportunidad de volverse iluminado en cada vida que vive. No existe curso fijado o guión pre escrito de tu vida.Como se verá más adelante en este libro, el karma juega un papel en la decisión de las circunstancias en las cuales nacerás de vida en vida, pero la ambición espiritual y mental es lo que lleva a cada persona a estar un paso más cerca de la iluminación plena.

Sin embargo, las cosas se vuelven interesantes acá, porque cuando sigues el camino del budismo, no tienes una "meta final". Es una paradoja para uno declarar que se va a practicar el budismo para alcanzar la iluminación.

¿Quién es Buda?

La palabra "Buda" se traduce como "el iluminado" o "el que está lúcido o despierto". Se refiere a cualquier ser que ha alcanzado dicho estado. Sin embargo, puedes tener la curiosidad de saber quién fue el primer Buda.

De acuerdo a la leyenda, el primer Buda se llamaba Siddhartha Gautama. Se cree que nació alrededor del año 563 A.C. en una tierra que hoy se conoce como Nepal. Se dice que Buda nació siendo dominante, protegido por el sufrimiento en el reino de su padre, quien construyó un gran palacio a su alrededor, vacío de religión y de sufrimiento humano. El rey creó un mundo entero dentro de las paredes de aquel castillo por lo que, siendo ya un joven adulto, Siddhartha creía que el mundo estaba lleno de felicidad, empatía y alegría.Más tarde, luego de contraer matrimonio y procrear un niño, se aventuró en el mundo y vio la verdad de la humanidad. Conoció un anciano y supo que la gente envejece y eventualmente, muere.

A la edad de veintinueve años, descubrió que ni el poder ni la fortuna le traerían la verdadera felicidad, por lo que quiso comprender el mundo fuera de los muros del palacio.

Por tanto, lo que hizo fue marcharse a explorar muchas religiones para encontrar la respuesta a la pregunta que todos nos hacemos: "¿cómo puede uno encontrar la felicidad?"

Después de muchos años de búsqueda en su peregrinajeespiritual, Buda descubrió "El Camino Medio" mientras meditaba bajo el árbol*Bodhi*(*ficus religiosa*. N del T). Este camino es una manera de balancear, no de extremismos, el cual encontró sólo a través del ensayo y error.Sentado durante días bajo aquel árbol *Bodhi*, buscó la respuesta que inicialmente pretendía encontrar. Durante esta meditación, Siddhartha tuvo que enfrentar al funesto demonio conocido como Mara, quien amenazó con ponerse en el camino de su condición de Buda. Volvió su mirada a la tierra pidiendo orientación y ésta respondió desterrando a Mara y permitiendo a Siddhartha alcanzar la iluminación plena. Luego de experimentar este cambio de vida, Buda vivió el resto de sus días compartiendo lo que había descubierto. Los seguidores de sus enseñanzas llamaron *Dharma* o "Verdad" a los principios de Buda.

Se cree que Buda o cualquiera que alcance la condición de perfecta iluminación a lo largo de su vida, no continuará su ciclo de renacimiento. En lugar de ello, el Buda permanece fuera de la constante reencarnación y envía sus enseñanzas y orientación a aquellos que buscan la libertad de su propio yo. Ya no tendrán que transitar a través de lo que el budismo proclama como un interminable ciclo de sufrimiento llamado vida.

Cuando escuchas la palabra sufrimiento, puedes tener imágenes de dolor y rabia en tu mente; pero en el budismo se cree que toda la vida es sufrimiento. Como seres humanos, sentimos el dolor de la pérdida, las emociones de tristeza, felicidad, decepción y así sucesivamente. Estas emociones son manifestaciones de nuestra mente y no vienen de nuestro yo interior. Debido a que no provienen de nuestro verdadero yo, son conocidas como sufrimiento. Falsos sentimientos creados por la carne de nuestros cerebros y programados en nosotros por el punto de vista que la Sociedad nos ha enseñado.

Actualmente, el budismo se está incrementando y volviéndose popular como modo de vida para millones de personas en todo el mundo. Aún en los países occidentales, las personas buscan seguir El Camino Medio porque hallan que le habla al corazón.

En un mundo donde todo está siempre en movimiento, constantemente forzándonos a seguir adelante a precipitados pasos rápidos, muchas personas han perdido su conexión con la naturaleza.Aunque la naturaleza está a nuestro alrededor aún en las ciudades más grandes, lo que hemos hecho para cambiar la forma pura de la tierra, crea una desconexión de nuestra mente. En el budismo, se está conectado a cada ser natural en este mundo, y a través de la práctica de sus enseñanzas esas conexiones vuelven. Este es un enorme imán para millones de personas de todas partes. Puedes imaginarlo como conectarte nuevamente con tus raíces.

Otra razón por la que el budismo está ampliamente esparcido es el hecho de que Buda nunca afirmó ser un dios. En lugar de ello, era un maestro que compartía su sabiduría basado en su discernimiento y en sus experiencias de vida. Esta falta de una deidad invisible, a menudo habla a aquellos que no pueden encontrar solaz o creer en una religión donde Dios es su órgano gobernante. Aunque existen muchas historias y enseñanzas en el budismo, no hay un solo libro como la Biblia o el *Quran*. En lugar de ello, la "biblia" del budismo, se puede encontrar en cada efecto natural del planeta, desde las hojas de los árboles hasta los gusanos en la tierra. Ellos son la historia del pasado, pero no necesitas mirar al pasado para encontrar la iluminación, sino que necesitas observar cada momento de tu experiencia.

Más aún, el sistema de creencias del budismo se puede describir como "de mente amplia". Esto significa que aquellos que lo practican están abiertos a aceptar las enseñanzas morales de otro sistema de creencias.Por tanto, no tiene que ver con etiquetas que son pertinentes a una religión en particular, tales como "bautista", "hindú", "musulmán", e incluso la propia "budista". No es poco común hallar personas de distintos trasfondos religiosos meditando juntos en varios centros budistas, especialmente en el mundo occidental.La iluminación en el budismo no está basada en quién crees que te ha creado, más bien en abrir tu mente lo suficiente para permitirte a ti mismo brillar. Una vez que es alcanzada, todas las preguntas que buscas acerca de la creación serán conocidas por ti. Así, tu título de fe no produce ningún efecto; sin embargo, a aquellos que se esfuerzan por la iluminación usualmente sí se identifican como budistas u otro nombre semejante.

Los budistas tampoco persiguen la expansión de una organización ni convencer a otros a seguir una creencia en particular. En su lugar, sólo explican si así se les requiere. El buda incentiva la curiosidad a través de la conciencia; por tanto, el budismo puede ser considerado como un modo de vida basado en el discernimiento más que en la fe.

Aunque el budismo como práctica puede inclinarse o moverse en una balanza dependiendo de la dedicación a las enseñanzas y la herencia, cualquier persona puede practicar el modo de vida budista. La empatía del mundo siempre ha sido de extrema importancia, a lo largo de las técnicas del budismo a través de las generaciones. La empatía no está reservada sólo a los humanos, sino a toda creatura viviente de esta tierra.

En este punto, debes estar ansioso por aprender las diferentes técnicas de Buda. Ten en mente que las enseñanzas de Buda son vastas, de una extensión tal, que se convirtieron en muchos y diferentes tipos de budismo. Estas enseñanzas pueden traer sabiduría a cualquiera, bien sea que busque su propia verdad a través de la iluminación, o bien que sólo desee comprender un poco más el mundo a su alrededor. Estas técnicas son igualmente para el joven y el anciano, sin importar la religión, condición social, género o la herencia.

Sin embargo, no nos adelantemos. Por ahora, puedes explorar más acerca de las enseñanzas del budismo, las que convenientemente encontrarás en el próximo capítulo. Antes de pasar la página, por favor recuerda que el consejo del propio Buda es no preocuparse por su palabra, sino por probar en ti mismo sus enseñanzas. Sólo haciéndolo podrás ser capaz de encontrar el significado exacto de sus palabras.

¿Por qué Practicar la Meditación?

La meditación está considerada como una de las maneras más eficientes de reducir el estrés. Mientras otros métodos de reducción del estrés han sido tanto cultivados como estudiados, la información indica que no son tan efectivos como la meditación. Se han efectuado numerosos estudios que se centranen la efectividad de la meditación en y los beneficios para la salud que ésta ofrece.

Hay un estudio en los Estados Unidos que muestra que un curso corto de modificación de las estrategias del comportamiento que incluye la meditación, realmente llevan a un descenso significativo de visitas al médico durante seis meses después en comparación a los seis meses previos al curso.

Beneficios de la Meditación

La meditación es útil combatiendo el estrés y mejora la calidad de vida física y mental de un modo muy profundo. Con un poco de práctica, la meditación eventualmente se hará sin esfuerzo. La meditación auténtica te permitirá enfocarte en el momento presente en lugar de residir en tu pasado o en tu desconocido futuro.

La meditación es versátil. Existe muy poca evidencia de calidad que demuestre que una técnica es más efectiva que otra. Todo el mundo es diferente y responde a varios tipos de meditación de una manera única. La belleza de la meditación está en que existen tantas formas de practicarla, que puedes elegir consistentemente la técnica que más gustes y cosechar sus beneficios sin importar cómo la realices.

Aún cuando la relajación no es normalmente la meta de aquel que medita, a menudo es uno de los resultados principales. Los estudios muestran la existencia de muchos beneficios de la meditación, en los que se incluyen:

- Mejora la circulación sanguínea
- Disminuye la presión arterial
- Disminuye la transpiración
- Disminuye el ritmo cardíaco
- Disminuye el ritmo respiratorio
- Disminuye los niveles de cortisol en la sangre
- Disminuye la ansiedad
- Disminuye el estrés
- Aumenta el sentimiento de bienestar
- Profundiza la relajación

CAPÍTULO 2: LAS ENSEÑANZAS DEL BUDISMO

Si te encuentras acá, entonces debe significar que deseas saber más acerca de las técnicas del budismo. Bien. Sólo recuerda que las antiguas técnicas del budismo son muchas. Sin embargo, no habrían pasado de generación en generación de no haber servido a su propósito en las vidas de sus seguidores.

En este capítulo se proporcionará una suerte de reseña de las diferentes enseñanzas del budismo. Es una buena idea regresarnos algunos pasos para obtener una vista de pájaro de las cosas antes de dirigirte a los detalles minuciosos. Resta advertirte que pronto encontrarás que estas enseñanzas serán profundizadas en los subsiguientes capítulos.

Para comprender el *Dharma*, es importante notar que volverse "consciente" no es distinto a despertarse de un sueño profundo. Sin embargo, en lugar de salir del estado suspendido del descanso o sueño, se emerge de una vida que una vez estuvo llena de sufrimiento.

Para algunos, es difícil entender el rumbo de una vida yendo tras un dictado que no está asociado a un ser supremo. A mucha gente se le enseña mientras crece, a través de distintas religiones,que su vida no le pertenece. La sucesión de vivir día tras día en un camino predispuesto, deja una puerta ampliamente abierta al descontento, la infelicidad y al acceso. El budismo trata de encontrar esa revelación de la verdad donde todos los sufrimientos de esta vida se desvanecen y te enfrentas con la hermosa verdad.

Para entender el *Dharma*, te animo a aprender acerca de las doctrinas budistas, que son:

- Las Cuatro Nobles Verdades,
- El Noble Camino Óctuple,
- La Cadena Causal,
- Las Tres Marcas de la Existencia y
- Los Tres Fuegos.

Las Cuatro Nobles Verdades

Si esta no es la primera vez que echas un vistazo a las enseñanzas del budismo, entonces podrías estar familiarizado con Las Cuatro Nobles Verdades. Son consideradas por el budismo como el corazón de las enseñanzas de Buda. Ellas son:

- Deseo o sufrimiento (*Dukkha*),
- Sed o anhelo (*Samudaya*)
- Cesación del deseo o sufrimiento (*Niroda*) y
- El Camino Medio (*Magga*)

Las Cuatro Nobles Verdades poseen ambos propósitos de reflexión y práctica en tu vida.Juntos, sirven como una llave a la consciencia. Descubrirás en el próximo capítulo, extensos detalles acerca de Las Cuatro Nobles Verdades.

El Noble Camino Óctuple

El Sendero Óctuple de los Nobles sirven todos juntos como enseñanzas fundacionales del budismo. Es la cuarta de

Las Cuatro Nobles Verdades, la cual es la razón por la que encontrarás más acerca del Noble Camino Óctuple en el subsiguiente capítulo.

También llamado El Camino Medio, es tal vez la más moderna de las enseñanzas, pues puede ser aplicada, observada y experimentada en la vida cotidiana.

El Camino enfatiza que el auto-control, la auto-disciplina y la práctica de la Atención Plena o *mindfulness* y la meditación pueden ayudar a poner fin al sufrimiento. A través de estas prácticas se puede discernir la Verdad y alcanzar la condición de iluminación.

La Cadena Causal

La Cadena Causal, también llamada "Los Doce *Nidāna*" (*nidāna* es un vocablo sánscrito que se traduce como "enlace, causa o motivación") es una enseñanza budista fundamental.

Los doce *Nidāna* son explicados a continuación:

- Ignorancia (*Avijjā*)

- La falta de conocimiento o sufrimiento, de dónde se originó, cómo terminarla y cómo vivir una vida que la finalice, es ignorancia. Este enlace está conectado a las "Actividades Constructivas".
- Actividades Constructivas (*Saṅkhāra*)
- Este enlace se refiere a cualquier modo de acción física, verbal o mental, sea correcto o incorrecto, el cual causa en todo ser un efecto llamado karma. Se incluyen tanto las medidas voluntarias como la planificación. Esto apunta al "Renacimiento de la Consciencia".
- El Renacimiento de la Consciencia (*Viññāna*)
- La consciencia como enlace sirve como paraguas para las siguientes sub-clasificaciones:
- Consciencia del Ojo,
- Consciencia del Oído,
- Consciencia de la Nariz,
- Consciencia de la Lengua,

- Consciencia del Cuerpo y
- Consciencia del Intelecto.
- No se puede ser consciente sin nuestros órganos, específicamente, los sensoriales. Esto lleva al próximo enlace "Nombre y Forma".
- Nombre y Forma (*Nāmarūpa*)
- El "Nombre", que también representa la mente o la mentalidad, está compuesto por cuatro elementos: sensación, percepción, intención, contacto y atención.
- La "Forma" representa al cuerpo y depende de los cuatro grandes elementos: tierra (que personifica la solidez), agua (que personifica la cohesión), fuego (que incorpora el calor) y aire (que integra el movimiento).
- Juntos, Nombre y Forma llevan al siguiente enlace, que es "La Séxtuple Base de los Sentidos".
- La Séxtuple Base de los Sentidos (*Saḷāyatana*)

- Este enlace representa el estado en el cual el objeto, el órgano sensorial y la consciencia llegan a contactarse, lo que apunta al próximo enlace, "Sensación".
- Sensación (*Vedanā*)
- Existen seis manifestaciones de la consciencia, a saber:
- Visión,
- Oído,
- Sensación olfativa,
- Sensación gustativa,
- Sensación táctil y
- Sensación intelectual.
- Después de este enlace, viene "El Anhelo"
- Anhelo (*Tanhā*)
- El anhelo son los efectos de las seis manifestaciones de sensación, denominadas visiones, sonidos, esencias, sabores, toques y pensamientos. Esto nos conduce al próximo enlace, que es "Apego Obstinado".
- Apego Obstinado (*Upādāna*)

- Resistir la separación de un anhelo es la esencia de esta relación. El apego en sí mismo se sub divide en cuatro categorías: sensual, vista, práctica y auto apego, lo cual lleva al próximo enlace que es "Transformación"
- Transformación (*Bhava KammaBhava*)
- Transformación en la traducción del sánscrito *bhāva* significa "emoción o estado de mente o cuerpo. Se refiere a la continuidad del renacimiento, vida y madurez".
- Nacimiento (*Jāti*)

Las Tres Marcas de la Existencia

Según Buda, todos los seres vivientes poseen tres características principales, también llamadas Signos del Ser o Sellos del *Dharma*, las cuales son:
Impermanencia (*Anicca*)
Esta marca explica que las cosas no condicionadas son permanentes.

Recuerda el viejo dicho "La única cosa constante en la vida es el cambio." Esta es una de las enseñanzas más fundamentales del budismo.

Ningún evento o ser físico o mental es permanente; por tanto, el concepto de "seguridad duradera" es una falacia. El hecho de que todas las personas se deterioran puede sonar deprimente, pero es la verdad.

Lo opuesto a la Impermanencia es el Nirvana, en el cual no existen tales cosas como la muerte, el deterioro o el cambio.

Deseo o sufrimiento (*Dukka*)

Esta marca revela que ninguna cosa condicionada es satisfecha.

El deseo constante o la falta de satisfacción es la raíz de todo sufrimiento. Se manifiesta de ambas formas física y mental y triunfa en cada renacimiento (o cambio en la vida de uno), envejecimiento, enfermedad y muerte.

El sufrimiento deriva cuando no se es capaz de adquirir lo que se desea. También se experimenta cuando no podemos mantenernos alejados de lo que queremos evitar.

Insustancialidad (*Anatta*) (el no-yo. N del T)

Esta marca enseña que todas las cosas, condicionadas o no, son insustanciales.

Esta doctrina es considerada controversial para algunos porque explica que no existe esencia eterna en ningún ser o fenómeno. En otras palabras, no existe "alma" o yo permanente, lo cual suena redundante a la primera marca, pero cubre, no obstante, un rango más amplio, ya que se aplica a todos los seres, condicionados o no. Por tanto, el Nirvana también se describe como un estado de insustancialidad.

De acuerdo a esta enseñanza, la expresión "yo soy" se considera presuntuosa porque engendra al *dukkha*; por consiguiente, para liberar al yo del deseo y sufrimiento, debemos dejar ir la idea del "yo mismo".

Ahora que has aprendido acerca de las tres marcas de la existencia, puedes meditar en ellas. Los seres iluminados han sido capaces de acabar con su sufrimiento debido al entendimiento de dichas enseñanzas.

Los Tres Fuegos

También llamados los "Tres Venenos", son imperfecciones inherentes a todos los seres. Es la razón primaria de la existencia del Anhelo y, por consiguiente, contribuye significativamente al Deseo o Sufrimiento.

Los Tres Fuegos se explican más adelante, en el capítulo 16. Sin embargo, para ayudarte a establecer las bases del concepto, he aquí sus nombres:

Delirio o Confusión (*Moha*),

Avaricia o Apego Sensual (*Raga*) y

Aversión o Mala Voluntad (*Dvesha*)

Cada uno de los Tres Fuegos está representado por un animal: el jabalí representa el delirio o confusión, el gallorepresenta la avaricia y la serpiente representa la mala voluntad.

Ahora, antes de proceder al próximo capítulo (el cual se refiere a las Cuatro Nobles Verdades), mantén cerca de tu corazón los valores de compasión y sabiduría. Estas dos virtudes son las más significativas para el budismo, seguidas de la paciencia, bondad amorosa, generosidad y humanidad.

Mientras lees, trata de abandonar el mundo a tu alrededor. Silencia las notificaciones, silencia tu teléfono móvil, apaga tu televisor y recuerda que estás justo donde debes estar en este momento.Internaliza cada gramo de conocimiento y entendimiento de momento a momento como lo harías con cualquier gozosa ocasión de tu vida.

El corazón de las enseñanzas del budismo es inocuo o *ahimsa* (no violenta. N del T), y alberga la forma de vida que no causa daño a ser alguno. Mantén este conocimiento cerca de ti y esfuérzate por practicarlo todos los días. Haciéndolo, te ayudará a lograr una vida genuinamente significativa.

CAPÍTULO 3: LAS CUATRO NOBLES VERDADES

Las Cuatro Nobles Verdades son entendidas y aceptadas por los Budas como la verdadera realidad. Las enseñanzas budistas revelan que Buda comenzó enseñando las Cuatro Nobles Verdades tan pronto como experimentó la iluminación.

De acuerdo a esas verdades, todos los seres anhelan y se aferran a cosas y estados que no son permanentes, lo que lleva al sufrimiento que, uno a uno, atrapa a las personas en el ciclo sin fin del renacimiento, sufrimiento y muerte.

Sin embargo, hay una senda que va más allá de este ciclo. Dicha senda es las Cuatro Nobles Verdades: El Camino Medio. Los Budas motivan a aquellos que desean ser despertados del ciclo, no sólo para entender, sino también para experimentar El Camino Medio.

Para aprender y practicar el Camino Medio, es un pre requisito obtener cierta profundidad de entendimiento de las

Cuatro Nobles Verdades. El emérito profesor Geoffrey Samuels, quien jugó un papel crucial al exportar las enseñanzas del budismo al mundo occidental, explica que las Cuatro Nobles Verdades revelan lo que necesita ser comprendido para comenzar a transitar la senda que lleva a la iluminación.

He Aquí Las Cuatro Nobles Verdades:

Deseo o Sufrimiento (Dukkha)

La Primera Noble Verdad enseña que los deseos son imposibles de satisfacer, lo que causa dolor o sufrimiento.

Hay quienes piensan que las Cuatro Nobles Verdades son análogas a la medicina tradicional hindú, siendo la Primera Noble Verdad, el diagnóstico. En otras palabras, identifica y busca describir la enfermedad en forma de Deseo o Sufrimiento.

Trata de realizar el siguiente ejercicio considerando cómo se aplica la Primera Noble Verdad a tu propia vida. Haz una pausa para reflexionar si alguna vez experimentaste el sentimiento de satisfacción permanentemente. Cuando piensas en ello, el concepto de fijar y alcanzar metas, a menudo lleva a tener más aspiraciones.

Nosotros, como seres humanos, estamos en constante deseo de satisfacción final para todo lo que hacemos. Sin embargo, esto es en sí mismo imposible de lograr, puesto que el alcanzar una meta, un objeto, una relación, etc., abre una puerta al próximo deseo. En la sociedad actual de excesos, es aún más difícil encontrarse satisfecho. Cuando finalmente alcanzamos aquella meta financiera de retiro, nos esforzamos por vivir otras experiencias que nos satisfarán momentáneamente. Desafortunadamente, sin darnos cuenta de ello, pasamos nuestra vida buscando y deambulando, intentando llenar un deseo que no se puede completar. Desde lo que comemos, los empleos que tenemos, el dinero que hacemos y hasta los objetos que deseamos, estamos siempre en la búsqueda de algo que consideramos "mejor".

Por supuesto que no hay nada negativo en luchar para conseguir tus sueños; pero aferrarse demasiado a ello, supone un constante sentimiento de anhelo que resulta en sí mismo, doloroso.

Sed o Anhelo (Samudaya)

La Segunda Noble Verdad describe la Fuente primaria del Deseo o Sufrimiento y es la "sed" o anhelo por algo de este mundo que es impermanente (perecedero. N del T). Tu sed o anhelo crea karma, el cual ocasiona un cambio en ti que sólo lleva a un nuevo deseo.

Si comparas la Segunda Noble Verdad con un diagnóstico médico, puedes describirla como el paso donde tratas de determinar la causa de la enfermedad o etiología.

Para comprender cómo la Segunda Noble Verdad se despliega en tu vida, recuerda la última vez que experimentaste dolor y luego refléjalo en lo que lo causó exactamente.

Digamos, por ejemplo, que recuerdas el sentimiento de decepción debido a un viaje que se canceló y que estuviste preparando durante meses. La causa de tu sufrimiento es tu deseo del viaje. Aquel sufrimiento es en sí, una manifestación creada por tu mente, dependiendo de lo que has internalizado en el curso de tu vida.

De esta decepción, te ha quedado un futuro deseo de corregirle. Entonces quedas atrapado en el ciclo donde la decepción seguramente te encontrará una vez más. Nos aferramos a las respuestas emocionales positivas que obtenemos, sin darnos cuenta de que son auto satisfacciones creadas por nuestra mente, y no por nuestro yo.

Pudieras pensar que es natural experimentar aquello, y, de hecho, así lo es. Esta es la razón por la cual se considerada una realidad.

Cesación del Deseo o Sufrimiento (Niroda)

La Tercera Noble Verdad enseña que acabar con nuestra Sed o Anhelo lleva al final del Sufrimiento. Esto será así, sólo si el karma ya no continúa creándose y, por consiguiente, uno se despierta del ciclo.

Regresando al concepto de analogía médica, se puede comparar la Tercera

Noble Verdad con determinar la cura de la enfermedad o prognosis.

La idea en sí misma, parece muy directa y sencilla, pero la práctica es lo que aparece como la causa de esta continua auto absorción en el ciclo. Aunque pienses que eres amable, generoso y siempre ayudas al otro, es importante notar que la auto absorción no se mira desde una postura egoísta, sino de manera que tu mente crea estos sentimientos para persuadirte a continuar buscando satisfacer tu próxima urgencia.

Así que, ¿qué se siente terminar con tu deseo y, consecuentemente, con tu sufrimiento? Naturalmente, la única manera de descubrirlo es experimentarlo tú mismo. Sin embargo, los Budas a menudo lo describen como la tranquilidad en esta vida.

El Camino Medio (Magga)

Las Cuatro Nobles Verdades explican que la única manera de lograr la iluminación es a través del discernimiento y la práctica del Noble Camino Óctuple o el Camino Medio.

El símbolo del Camino Medio es la rueda del *dharma* (*dharma chakra*), que tiene ocho radios que representan cada uno de sus elementos.

Si volvemos a compararlo con el diagnóstico médico, las Cuatro Nobles Verdades representan la parte donde el médico prescribe el tratamiento adecuado que puede curarte de la enfermedad.

Los maestros budistas usualmente dividen el Noble Camino Óctuple en tres partes principales: Sabiduría, Virtud Moral y Meditación. A continuación, encontrarás una lista de cómo cada componente del Noble Camino Óctuple encaja en cada categoría. Igualmente, obtendrás una comprensión más profunda de lo que significan cada una de ellas:

Sabiduría

La primera parte, la sabiduría, está compuesta por los dos primeros elementos del Noble Camino Óctuple: la Visión Correcta y la Determinación Correcta. Con el entendimiento y la práctica de estos dos alcanzarás la sabiduría necesaria para lograr la iluminación.

El noble camino óctuple

Visión Correcta

La Visión Correcta tiene que ver con cómo percibes el karma y el renacimiento. Asimismo, abarca la manera en que valoras las Cuatro Nobles Verdades en mente, cuerpo y palabras. Invita a la renovación y afecta las diferentes etapas en las que un ser atraviesa el ciclo de la vida.

El propósito de la Visión Correcta es aclarar tu senda de pensamientos confusos y malos entendidos. Una vez que has comprendido apropiadamente las verdades, tendrás la Visión Correcta.

En el budismo se cree que cuando tu cuerpo muere, tu verdadero yo viaja a través de lo que se conoce como el *Bardo*. El *Bardo* es un lugar entre cada vida, donde escoges tu próximo cuerpo. Se cree que mientras más cerca estás del despertar correcto en esta vida, más clara será tu decisión en el *Bardo*. Si tu mente está nublada cuando accedes, tu verdadero yo se perderá, dificultando a menudo la decisión de tu renacimiento.

Según Gil Frondsal, maestro budista americano, la Visión Correcta puede parecerse al concepto de Psicología Cognitiva. Explica que la dicha Visión es la manera como tu mente percibe el mundo y cómo esta percepción afecta nuestros pensamientos y acciones.

Determinación Correcta

También llamada "Intención Correcta" o "Pensamiento Correcto", esta se refiere a cuando el budista se vuelve firme en su propósito de renunciar a la vida mundana en favor de un peregrinaje espiritual.

Puedes tomar su significado literal y aplicarlo a todo lo que haces en tu vida cotidiana. Tener la intención correcta de las acciones en cada momento de tu vida, te ayudará a acercarte a aquella eterna verdad. Esta es una excelente táctica a recordar cuando dejas la santidad de tu hogar y te enfrentas con la magnitud de excesos del mundo a tu alrededor. Detente y piensa antes de tomar decisión alguna y aplica la genuina intención correcta a tus acciones.

Virtud Moral

La segunda parte de la división está compuesta por el tercer, cuarto y quinto elemento: Hablar Correcto, Actuar Correcto y Medio de Vida Correcto. La Virtud Moral es descrita por la mayoría de los maestros budistas como tener la disciplina y el mérito que te guiará a una congruencia *kármica* contemplativa, social y psicológica, todas las cuales son necesarias para comprometerse con la parte final: la Meditación.

Hablar Correcto

La mayoría de las enseñanzas budistas describen el Hablar Correcto como la abstención de mentir, de hablar divisivo, de hablar irrespetuoso u ofensivo y de la charla banal.

Abstenerse de mentir implica hablar con la verdad y sólo con la verdad y aferrarse a ella para ser resuelto y confiable.

El hablar divisivo, hace referencia a que se dirán únicamente palabras que contribuyan a la armonía de las cosas en general.

El hablar irrespetuoso u ofensivo tiene que ver con utilizar palabras afectuosas y educadas que sean agradables a otros seres.

Abstenerse de charla banal es utilizar únicamente palabras que te acerquen a la iluminación.

Según Buda, el Hablar Correcto es hablar solamente lo que es útil y preciso, dependiendo de la situación y dónde tales palabras son apropiadas. De otro modo, mejor es no decir absolutamente nada.

A menudo se dificulta darse cuenta de que sólo porque estás dedicado a hablar la verdad, no significa que tus palabras puedan herir a otros. La empatía, de nuevo, es una de las características más importantes de alguien guiado por la senda budista. Las palabras pueden ser constructivas y verdaderas sin ser dañinas. Es el balance delicado entre cada uno lo que debemos buscar.

Actuar Correcto

También llamada "Acción Correcta", esta parte del Camino Óctuple también se describe parecido al Hablar Correcto; no obstante, en lugar de palabras, es el acto físico. Según las enseñanzas budistas, el Actuar Correcto es abstenerse de matar, de robar y del mal comportamiento sexual. Abstenerse de matar significa que no debemos formar parte de perjuicio alguno o quitar la vida a cualquier ser dotado de sentidos, sea este humano o animal.

No robar quiere decir evitar tomar cualquier cosa que no sea dada voluntariamente u ofrecida a ti por el ser que posee la propiedad. Esto abarca todas las formas de robo, tales como aquellas cosas habidas forzadamente, furtivamente o a través de engaño.

Abstenerse de mala conducta sexual se refiere a involucrarse sexualmente con cualquiera que está bajo la protección de un guardián, hermanos, padres, de una esposa, de una prometida y de cualquiera que no esté casado.

Debido a que el budismo es el camino hacia la iluminación personal, y a que la separación de aquellas cosas a tu alrededor está fuera de la apatía cultural, el matrimonio no es algo de lo cual se habla. Muchos budistas se casan y tienen hijos, aún algunos de los más devotos *yoguis*, pero su relación es una de verdad eterna. Con frecuencia nos encontramos que aquellos que están casados, bien lo hacen antes de que la iluminación convierta su entendimiento, o bien después, pero más por propósitos espirituales que por matrimonios corrientes.

Medio de Vida Correcto

El Medio de Vida Correcto es cuando mantienes tu virtud y evitas ser la causa del sufrimiento de los seres dotados de sentidos. La mayoría de las enseñanzas budistas explican que uno no debe involucrarse en el comercio de seres humanos, carne, animales para sacrificio, bebidas alcohólicas, veneno o armas.

Se cree que cualquier cosa que pueda dañar tu cuerpo físico, crea también una barrera más fuerte entre tu mente y tu propio yo. A medida que la puerta se vuelve más densa, es más duro alcanzar aquel estado de iluminación. La mente es casi engañosa; no quiere que renuncies, así que cosas como las adicciones y las conductas culturalmente aprendidas, pueden ser arduas de sortear. A través de la creación de un cuerpo saludable sin influencias negativas externas, estás ayudando a liberarle de la conexión con la pieza de carne en tu cabeza, permitiéndote a ti mismo encargarte de tu consciencia.

Meditación

Otra palabra para meditación es *Samadhi*, y se refiere a la parte final de la división del Noble Camino Óctuple. Todo el concepto se centra en el condicionamiento de tu mente para instalar el discernimiento en las Tres Marcas de la Existencia, dejar los estados de escasa utilidad y alcanzar la Iluminación. El conocimiento pleno y la dedicación a la práctica de las tres últimas divisiones del Noble Camino Óctuple – Esfuerzo Correcto, Plena Atención o *Mindfulness* Correcta y *Samadhi* (estado de concentración. N del T.) correcto – te guiarán al cumplimiento de estos.

Esfuerzo Correcto

Las enseñanzas budistas describen el Esfuerzo Correcto como tu fuerza de voluntad y fuerza mental para escoger hacer el bien cada día. Requiere de auto disciplina decidir pensar, sentir y hacer el bien, aún cuando los tiempos son adversos.

Según la mayoría de las enseñanzas budistas,se requiere de un mayor Esfuerzo Correcto para abstenerse de la mala voluntad y de los deseos sensuales. La mala voluntad incluye la ira, el resentimiento y el odio hacia todos los seres, mientras que los deseos sensuales son todos los deseos pecaminosos experimentados a través de los cinco sentidos.

Aunque ciertas situaciones sexuales, especialmente aquellas que ensombrecen, son consideradas de mala voluntad, el sexo en sí mismo no se discute mucho en el budismo. Tu cuerpo es tu templo, la vía en la que tu verdadero yo puede trabajar para tratar de alcanzar la iluminación. Por tanto, debes abstenerte de cualquier cosa negativa.

Mindfulness o Atención Plena Correcta

Esta parte del Noble Camino Óctuple se describe como el estado en el cual te vuelves consciente y plenamente atento del momento presente. Cuando estás consciente de tu cuerpo, lo admites y aceptas por lo que es. Lo mismo sucede con nuestras emociones y pensamientos. Al concientizar y reconocer estos estados, dejas ir los deseos mundanos y todo el sufrimiento apegado a ellos.

Una de las cosas que muchos budistas practican regularmente, es la atención plena del pensamiento. Cuando estás afligido por las emociones, en especial por las negativas, quieres retroceder y hacer una pausa. Percibe que aquel sentimiento es creado por tu mente consciente y depende del entendimiento cultural del mundo que te rodea. Entonces, una vez que comprendas la emoción que estás sintiendo, cuidadosamente recuérdate a ti mismo que esta no es la verdad. Para explicarlo de manera sencilla, ello no viene de tu verdadero yo, y, por tanto, no es real.

SamadhiCorrecto (o estado de concentración intensa)

El paso final del Noble Camino Óctuple, el *Samadhi* Correcto, se refiere a desapegarse de los deseos relacionados a los sentidos y de los estados malsanos.

Es entonces cuando te sumerges en el primer nivel de concentración llamado *jhana*. En este nivel, mantienes un pensamiento aplicado y sostenido que te guiará a experimentar la felicidad adquirida de esos desapegos a medida que continúas concentrándote.

Notarás que tu mente consciente lucha por mantener el control. Los pensamientos y las ideas se introducirán en tus pensamientos, incluyendo la atención plena, la cual es una comprensión de tu mente consciente, haciéndoles a un lado con técnicas de respiración. La visualización juega un papel fundamental para calmar tu mente consciente, tanto así, que podrás seguir adelante con tu meditación.

A medida que continúas profundizando en el segundo nivel de concentración, experimentas la "unidad de mente" y la quietud interior. En este nivel, ya no mantienes el pensamiento aplicado y sostenido porque sólo experimentas alegría pura debido al estado de concentración en sí mismo.

Tal como en los otros estados, este sentimiento de gozo puro se disipa con el tiempo. Entonces se transforma en el tercer nivel de concentración, donde llegas a estar plenamente consciente y en control de tus facultades.

El cuarto y último nivel de concentración intensa tiene lugar después que has abandonado tu deseo y sufrimiento y luego de que las emociones como alegría pura o tristeza se desvanecen. En este nivel, únicamente se experimenta la atención plena clara y constante.

Muchos eruditos budistas aconsejan que aquellos que quieren seguir el Noble Camino Óctuple deben aplicar todas las divisiones simultáneamente, en lugar de hacerlo de manera lineal. Cada uno de los ocho factores son de igual importancia y son, de hecho, interdependientes. Sin embargo, algunos eruditos creen que el último factor – *Samadhi* Correcto – sólo puede ser alcanzado si los anteriores han sido desarrollados lo suficiente.

Es importante escuchar a tu yo interior y comprender qué está funcionando y qué no. La senda a la iluminación no es una ciencia exacta, es una vía que cada persona transita y cada una, a pesar de tener algunas semejanzas, es concebida únicamente por tu verdadero yo.

Ahora que has llegado al final de este capítulo, ¿qué opinas acerca de las Cuatro Nobles Verdades y del Noble Camino Óctuple? ¿Estás de acuerdo con sus enseñanzas?

Si es así, entonces puedes aceptar el conocimiento que has conseguido para que lo apliques a tu vida cotidiana.

De no ser así, entonces tal vez encontrarás las respuestas en los subsiguientes capítulos. El próximo, en particular, te habla de las distintas escuelas budistas.

CAPÍTULO 4: CÓMO PRACTICAR LOS CINCO PRECEPTOS DEL BUDISMO

Los cinco preceptos del budismo son una guía ética fundamental para los budistas. Sin embargo, no deben verse como un conjunto de normas rígidas, sino como cuidadosas sugerencias para vivir una vida libre de sufrimiento. Después de todo, Buda siempre enfatiza el poder de decisión del ser.

Lo siguiente es una descripción de los Cinco Preceptos, así como sugerencias de cómo poner en práctica cada uno de ellos:

Primer Precepto: No Quitar la Vida Intencionalmente a Ningún Ser Vivo.

"Yo asumo el precepto de abstenerme de matar".

Los seguidores de las enseñanzas de Buda, no deben entretenerse con la idea de causar daño o peor aún, de matar a cualquier otro ser viviente, sea este humano o animal. Antes bien, deben cultivar genuina preocupación por ello y tener bondad amorosa hacia el bienestar de los otros.

Debes pensar en el Primer Precepto cada vez que estés tentado a dañar a cualquier ser vivo, sea este un insecto o una persona. Lo menos que puedes hacer e evitar tener que ver con la matanza de animales sin sentido, por deporte o sobreconsumo. Este Primer Precepto es, de hecho, lo que inspira a muchos budistas a volverse veganos.

Segundo Precepto: Toma sólo lo que se te da.

"Yo asumo el precepto de abstenerme de tomar lo que no me ha sido dado".

Esta enseñanza desalienta grandemente el robar o "tomar prestado" artículos pertenecientes a otros sin regresarlos. Siguiendo esta doctrina, los budistas persiguen la igualdad en la distribución de los recursos, al mismo tiempo que desean asentar el valor de la generosidad en ellos mismos.

Para poner en práctica el Segundo Precepto en la vida moderna, puedes trabajar en pro de vivir a través de tus propios medios y pagar todas tus deudas. Muchos budistas han preferido llevar unestilo de vida reducido a su mínima expresión, pues ello guía a las personas a deshacerse del consumismo y vivir significativamente.

Tercer Precepto: No Utilizar los Sentidos de una Manera Incorrecta.

"Yo asumo el precepto de abstenerme de mala conducta sexual".

En el sentido tradicional, la tercera regla aconseja en contra de vivir dominado por el sexo, pues se entiende que ello lleva al sufrimiento. En su lugar, los budistas son motivados a vivir una vida contenta con pensamientos y acciones que sirvan a propósitos significativos.

Se puede interpretar el Tercer Precepto como algo que abarca todo abuso de los sentidos. Por ejemplo, puede ser tomado como consejo en contra de la comida en exceso, lo cual lleva a tales sufrimientos como la obesidad. Los budistas son guiados a hacer las cosas (incluyendo el consumo de alimentos) con moderación y con buenos propósitos.

Cuarto Precepto: No Hablar Falsedades.

"Yo asumo el precepto de abstenerme de hablar en falso".

Buda enseña que uno no debe mentir, calumniar ni involucrarse en chisme malicioso. En vez de ello, debemos hablar sólo palabras verdaderas y amables y estar motivados por intenciones positivas cuando hablamos con otros.

El Quinto Precepto enfatiza el daño causado por beber alcohol y tomar drogas y estimulantes innecesarios.

Los budistas están en la senda que lleva a mejorar la concentración y cultivar el pensamiento racional, por tanto, este precepto es un cuidadoso recordatorio de lo que causa lo contrario a esto.

Como puedes ver, cada uno de los Cinco Preceptos tienen perfecto sentido. Sin embargo, seguirlos depende solamentede tu voluntad, en especial porque Buda alienta a todos a pensar y experimentar las cosas por sí mismos, en lugar de seguir una fe ciega.

CAPÍTULO 5: LA ESENCIA LA VIDA Y LA ILUMINACIÓN

Cuando un ser humano ha satisfecho sus necesidades básicas -comida, agua, refugio, seguridad, etc.-, comienza a preguntarse acerca del propósito de su existencia o la esencia de la vida. Buda mismo reflexionó en esto, especialmente porque había sido un noble cuyas necesidades primarias estaban completamente satisfechas.

Luego de alcanzar la Iluminación, Buda compartió sus reflexiones con los demás. Sus enseñanzas fueron luego compiladas en lo que ahora se conoce como *Dharma*, cuyo propósito es ayudar a aquellos que buscan la esencia de sus propias vidas y, por último, alcanzar la Iluminación.

Así que, ¿cómo comenzar tu senda hacia la auto realización? Según las enseñanzas budistas, puedes alcanzarla ayudando a otros, cultivando las Cuatro Moradas Sublimes y aplicando las Seis Perfecciones a tu vida.

Ayudar a Otros

Para encontrar la esencia de la vida en este aspecto, comenzarás por tener sentido de responsabilidad hacia otros seres, especialmente por aquellos que se encuentran en una posición más difícil que la tuya. Tal vez quieras ofrecerte voluntario en una organización local de caridad o utilizar tus habilidades para el bienestar de los demás.

Cultivar las Cuatro Moradas Sublimes

Se recomienda la meditación para hacer crecer las Cuatro Moradas Sublimes llamadas:

- Bondad amorosa,
- Compasión,
- Regocijo y
- Ecuanimidad.

He aquí algunos pasos a seguir para lograrlo.

En un lugar pacífico y tranquilo, reflexiona por algunos momentos acerca de las Cuatro Moradas Sublimes.

Por ejemplo, si vas a meditar sobre la bondad amorosa, piensa en la manera de describir este sentimiento.

Visualiza esa persona en tu vida que puede hacerte evocar ese sentimiento rápidamente y de una manera genuina.

Si meditas sobre la bondad amorosa, piensa en la persona que más te importa y a quien amas con todo tu corazón.

Al invocar con calidad el sentimiento, déjalo reverberar desde tu interior hasta tu alrededor.

En el caso de la bondad amorosa, puedes visualizar no sólo la persona amada, sino también otras que no te importan tanto en tu vida cotidiana. Con la práctica, puedes dirigirla hacia aquellos que no te gustan particularmente.

Continúa extendiendo el sentimiento de calidad hacia todos los seres en el mundo. Visualízate despilfarrándolo desde tu corazón hacia todos ellos.

Puedes practicar regularmente esta forma de meditación, de tal manera, que las Cuatro Moradas Sublimes se tornen con el tiempo, más naturales en ti. Abrazando estas cualidades, te permitirá ver la verdadera esencia de la vida.

Aplicar las Seis Perfecciones

Las Seis Perfecciones (*paramita*) constan de la senda del *Bodhisattva*, la cual fue diseñada para combinar la compasión con el discernimiento en la verdadera esencia de la vida. Ellas son:

- Generosidad,
- Conducta moral,
- Paciencia,
- Esfuerzo,
- Concentración y
- Sabiduría

Echemos un vistazo a los pasos prácticos a seguir para alojar las Seis Perfecciones en tu vida:

Generosidad

Liberarse significa estar abierto a ayudar a los otros sin esperar nada a cambio. Existen varias maneras de volverse más generoso hacia los demás, pero en las enseñanzas del budismo tradicional, tenemos cuatro formas:

1. Compartir las enseñanzas de Buda

Guiar a otros hacia la senda que les libera del sufrimiento es algo generoso de hacer. Esto permite a los demás pensar y actuar por sí mismos y obtener la motivación correcta para llevar una vida significativa.

2. Proteger a otros seres

Cada día, otros seres vivientes, humanos y animales por igual, deben vivir bajo condiciones inquietantes. La única manera de salvarles es mediante la ayuda de aquellos que se encuentran en mejores condiciones. Puedes ser generoso con tu tiempo y esforzarte en protegerlos y conducirles a una vida mejor.

3. Inspirar y motivar a otros

También puedes practicar lo que enseñas a través de la meditación y siguiendo las enseñanzas de Buda. Cuando los demás vean de lo que eres capaz, también han de sentirse inspirados a hacer lo mismo.

4. Ofrecer bienes materiales

Los seres vivientes necesitan alimento, vestido, refugio y otros materiales para mejorar su calidad de vida. Tu generosidad al ofrecer dichos bienes, pueden beneficiarles tremendamente. De hecho, esta es la forma más asociada al concepto de caridad.

Conducta moral

El comportamiento ético es ejercitar la auto disciplina de manera tal, que no cause daño a otros seres. El esfuerzo que se pone en elegir la senda más difícil pero moralmente recta, en vez de la fácil pero incorrecta, es una de las maneras de alcanzar esta Perfección. Otra forma es cultivar la compasión genuina por otros a través de la oración, la meditación y el buen trabajo.

A través de la práctica constante, la conducta moral se volverá más natural y espontánea.

Paciencia

Mientras más practiques las enseñanzas de Buda, más naturalmente paciente serás. La paciencia te protege a ti y a los demás, porque te contiene de expresar sentimientos como la ira y transformarlos en acciones destructivas. Al continuar creciendo en ti la paciencia, notarás que esos sentimientos negativos se debilitan hasta el punto en que ya no los sentirás.

Esfuerzo

En este sentido, el esfuerzo se refiere al compromiso y la perseverancia en la escogencia del bien. También significa hacer las cosas con entusiasmo en lugar de hacerlas como si estuvieras absteniéndote o resistiéndote a algo. Algunos maestros budistas enfatizan que el esfuerzo es la base de las demás Perfecciones, ya que, con ella, el resto encajará de una forma natural.

Para practicar el Esfuerzo, debes comprender y reconocer la presencia de los tres obstáculos que le obstruyen. Ellos son el derrotismo, la persecución de lo trivial y la flojera.

El derrotismo es retener pensamientos negativos de auto fracaso, tal como pensar que no tienes lo que se necesita o dejar que tus miedos te superen. Puedes vencer esto a través de mantras o afirmaciones que te recuerden que puedes ser comprometido y perseverante si así lo quieres.

La persecución de lo trivial son actividades distractoras que evitan que alcances tu pleno potencial. No tienen propósito significativo alguno en tu vida, más que gratificación momentánea y deseos superficiales. Si bien no hay nada malo en relajarse e involucrarse en ellas ocasionalmente, debes procurar no volverte adicto.

La flojera no es otra cosa que no hacer algo porque no quieres. Puedes pensar en ello como una fusión entre los dos primeros obstáculos, debido a que tu actitud hacia la tarea provoca que te enfrentes a persecuciones triviales, un fenómeno comúnmente conocido como proclastinación.

La única manera de salir de esto es teniendo la energía de realizar la tarea de inmediato. Por supuesto, será más fácil equipándote con buena salud física y mental y aplicando estrategias como comenzar temprano en la mañana.

Concentración

La meditación es la clave para mejorar tu

fuerza, así que tómate el tiempo para practicarla a diario. Comienza con ejercicios de meditación simple, tales como sentarte y respirar. Unavez que te acostumbres, accederás a niveles más profundos que te permitirán reducir el dolor físico y los traumas emocionales.

Sabiduría

Es el nivel más alto de las Perfecciones. La Sabiduría consiste en la habilidad de discernir nuestros pensamientos para escoger el bien sobre el mal hacia otros y hacia uno mismo. Según el budismo, la Perfección de la Sabiduría significa ser capaz de ver la realidad tal y como es sin estar cubierta por nuestros juicios.

Como siempre, el mejor consejo para cultivar la Sabiduría, es seguir las enseñanzas de Buda. Sin embargo, si deseas saber cómo comenzar, puedes hacerlo determinando tuspatrones de pensamientos habitual. Un hábito de pensamiento importante es identificar cómo te mirarías usualmente a ti mismo, a otros y a aquello que te rodea.

CAPÍTULO 6: PRACTICANDO LA MEDITACIÓN MINDFULNESS PARA ALIVIAR EL ESTRÉS Y LA ANSIEDAD

El sufrimiento es una parte inevitable de la vida, y hasta alcanzar el estado de Iluminación, ayuda conocer cómo salir adelante con cada reto que enfrentas. Las situaciones estresantes pueden mezclar las emociones de dolor y ansiedad, más aún si tienen que ver con las cosas a las que más apegado estás. La buena noticia es que las enseñanzas budistas te muestran formas de superar tales emociones y eventos. Y lo más eficiente es la Meditación *Mindfulness* (Atención Plena. N del T).

El rasgo del *Minfuldness* es prestar cuidadosa atención al momento presente. Ayuda a alejarte de tus preocupaciones por el futuro y de tus miedos por el pasado. Te permite ver la realidad tal y como es, despejada de suposiciones y expectativas. Estudios muestran cómo la meditación *mindfulness* efectiva reduce el estrés instantáneamente y por largo tiempo.

El estrés es una reacción natural a situaciones percibidas como amenazantes que desencadena mecanismos, bien para enfrentar el problema o para huir de él. Sin embargo, la mente es incapaz de diferenciar entre el estrés causado por un escenario que amenaza la vida (como el incendio de una casa), y uno que no lo hace (como la inminencia de una fecha límite). En ambos casos, cuerpo y mente reaccionan de la misma manera.

Lo interesante acerca del estrés es que se desencadena sólo por cómo percibes la fuente. ¿Recuerdas la analogía de la Serpiente y la Cuerda en el Capítulo 15? Por consiguiente, si aplicamos las enseñanzas del budismo para aliviar el estrés he aquí los pasos a seguir:

Admitir los síntomas físicos y mentales del estrés o la ansiedad.

¿Cómo saber si estás estresado o ansioso? ¿Qué te hace notar que es eso lo que experimentas y no otra cosa?

Algunas personas notan que su corazón late mucho más rápido o experimentan escalofríos. También puede que comiencen a reír incontroladamente, mientras que otros se quedan en blanco o se plagan de toda clase de pensamientos negativos por el resto del día.

Sé plenamente consciente de los síntomas que experimentas cuando estás estresado o ansioso.

Observa con cuánta frecuencia experimentas estrés y qué lo dispara.

Mantén un pequeño cuaderno de notas o crea un archivo en tu móvil para hacer seguimiento de los momentos en los que te sientes más estresado o ansioso diariamente. Puedes recordar y tomar nota al final del día. Haciéndolo, te ayudará a estar más al tanto de esas experiencias estresantesy te posibilita precisar las fuentes de tu estrés.

Por ejemplo, toma nota de la hora del día cuando te sentiste estresado, su intensidad basada en una escala (digamos, del 1 al 10) y la situación, persona, cosa o pensamiento que lo desencadenó.

Aparte de eso, toma nota de cómo reaccionaste a la situación. ¿Huiste de la escena? ¿Te quedaste allí sin hacer nada?

Lo que sea, anótalo.

Considera las Mejores Maneras de Responder al Estrés y la Ansiedad.

El cuerpo responde según cómo la mente percibe una situación estresante, así que, la mejor manera de sentir menos estrés, es calmando primero la mente. Por tanto, mientras más fuerte es tu mente, más resistente es tu cuerpo ante dichas situaciones. Comienza por reconocer tu poder de elección.

Por ejemplo, puedes utilizar tu diario para reflejar cómo respondes normalmente a esas situaciones. ¿Cuál crees que es la mejor manera de manejarlas? Existen muchas opciones saludables. He aquí algunas que están alineadas con los principios del budismo:

- Practicar respiración en la meditación para regularizar el ritmo cardíaco y respiratorio.
- Hacer caminatas de meditación *mindfulness* para apartarse temporalmente de la situación estresante y permitir a tu mente pensar con profundidad.

- Apartarse de sustancias tóxicas que únicamente impiden el sano juicio (particularmente el alcohol).
- Ejercitarse con *mindfulness* para entrenar el cuerpo a ser más resistente.
- Desconectarse de la situación como si fuese un mero espectador.
- Recitar un mantra que ayude a fortalecer la mente, tal como "todo va a estar bien" o "Estoy calmado y sereno".

Una vez que han surgido respuestas positivas en contra del estrés y la ansiedad, puedes practicarlas regularmente a través de la meditación.

Respiración en la Meditación

La respiración *mindfulness* es la atención plena en inhalar y exhalar; simplemente ser consciente de tu respiración sin cambiarla. Su práctica es una forma excelente no sólo de aceptar y expresar gratitud por la habilidad de respirar, sino que también ayuda a regularizarla durante las situaciones estresantes.

La respiración en la meditación, por otra

parte, se puede hacer utilizando variedad de técnicas. Una de ellas es la meditación de respiración profunda, la cual es increíblemente efectiva reduciendo el estrés y la ansiedad. He aquí los pasos para hacerla:

1. Siéntateo acuéstate cómodamente, manteniendo tu espalda derechay tus hombros relajados.
2. Enfócate en tu respiración natural, notando cada movimiento.
3. Pon una mano en tu pecho y la otra en tu abdomen mientras continúas respirando naturalmente.
4. Comienza a respirar profundamente. Mientras inhalas, nota cómo tu abdomen se hincha, pero no tu pecho. Mientras exhalas, observa cómo tu estómago cae mientras el pecho permanece relativamente quieto.
5. Continúa respirando profundamente por algunos minutos hasta sentirte más relajado.

Otra respiración en la meditación que puedes intentar para aliviar el estrés y la ansiedad, es contar tus respiraciones. Esto te ayuda a relajarte y calma la mente tanto como el cuerpo. He aquí los pasos:

1. Siéntate o acuéstate cómodamente; hombros relajados y espalda recta.
2. Comienza respirando con naturalidad. Luego, cuando estés listo, empieza a contar cada respiración. Inhala primero, luego exhale, contando ambos como uno.
3. Cuenta cada respiración hasta diez. Tan pronto como alcances ese número, comienza de nuevo del uno al diez.
4. Si tu tren de pensamiento se pierde en el camino, solo comienza desde uno otra vez. Ten cuidado de no auto criticarte por perder el ritmo.
5. Continúa contando tus respiraciones hasta que te sientas más relajado.

Sé Consciente de tus Patrones de Pensamiento

Los causantes del estrés moderno no son el principal motivo de tu estrés y ansiedad. Tiene más que ver con tus perspectivas. Las enseñanzas de Buda ofrecen plenitud de maneras para transformar tus patrones de pensamiento y mejorarlos.

Sin embargo, cualquiera se puede distraer por las demandas de la vida cotidiana. Por consiguiente, para ayudar a tu mente a enfocarse en las enseñanzas budistas, he aquí algunas maneras de lograr ser más consciente de la manera en que piensas y te percibes a ti mismo y a tu entorno:

Mira las cosas desde un ángulo diferente.

Imagínate en los zapatos de alguien más, alguien a quien tú admiras (¿Buda mismo, tal vez?). ¿Cómo piensas que esta persona percibiría la situación? ¿Cómo respondería a la fuente del estrés? A veces este ejercicio puede cambiar la manera en que ves las cosas.

Identifica las partes individuales del causante del estrés.

Observar un gran asunto como un todo, puede ser agobiante, emocional y mentalmente. Por tanto, sería una buena idea dividir el problema en partes más pequeñas y manejables para que puedas parar de proclastinar y comenzar a resolver.

Consulta un experto.
Si aceptas el hecho de que tú solo eres incapaz de solucionar tu problema de estrés y ansiedad, entonces no temas acercarte a un experto. Recibir guía de alguien que ya ha alcanzado la sabiduría para resolver dichos problemas, no sólo te traerá gran beneficio, sino que te capacitará para manejar el problema por ti mismo más tarde.

Ten en mente que el estrés y la ansiedad son meras señales que tu mente y cuerpo te envían para hacerte saber que un problema más profundo subyace en tu interior. Depende de ti descubrirlo mientras continúas avanzando en tu viaje espiritual.

Séabierto a re-aprender y dejar ir ciertas cosas en tu vida. Sin embargo, si tropiezas, simplemente levántate, resta importancia y continúa. No hay fecha límite ni competencia hacia la Iluminación. Recuerda que el mismo Buda dijo que todos los seres son igualmente capaces de alcanzarla.

CAPÍTULO 7: TU FORMA HUMANA BUDISTA

Como ya lo hemos explicado, el cuerpo en el que estás aquí y ahora es sólo temporal, y cuando tu cuerpo muera, tú serás reencarnado en el siguiente. Sin embargo, aquello no nos da el visto bueno para tratarle de la manera que queramos. El propósito de la meditación y todo lo demás, es encontrar la verdadera Iluminación en esta vida para así poder romper el ciclo del sufrimiento. Recuerda que la vida es el ciclo del sufrimiento y nos esforzamos por comprender plenamente y alcanzar el Nirvana, el estado de la nada y el todo al mismo tiempo, en una vida. Para lograrlo, necesitamos cuidar el cuerpo que tenemos.

Asegurar una vida más larga te regalará más tiempo para alcanzar tu perfecto estado de iluminación. Un cuerpo puro y saludable también evitará que todas los químicos innecesarios y los problemas de salud nublen tu mente consciente, haciendo difícil encontrar aquel pacífico lugar en la meditación. He aquí algunas de las diferentes áreas de la vida que te ayudarán a entender cómo cuidar la bella forma humana que tienes hoy.

Comer Sano

Es verdad que la mayoría de los budistas son vegetarianos o veganos, pero no es sólo porque estamos decididos a no dañar a creatura viviente alguna. Nuestros cuerpos fueron hechos de tal manera que, si se hace correctamente, puedes vivir una vida saludable y feliz con una dieta basada completamente en vegetales. Esto no apunta a la absoluta creencia de que te alimentarásde vegetales crudos, sino que no vas a incluir ningún producto proveniente de animales ni que contengan aditivos químicos.

A pesar del intento público de impulsar falsas ideas de que comer carne y beber leche es la única manera de asegurar nuestra supervivencia, se ha descubierto que una dieta basada en vegetales mejora enormemente nuestra salud. Esta manera de comer también reduce hasta diez veces el riesgo de condiciones tales como enfermedad cardíaca y cáncer.

Nuestro organismo trabaja extra para procesar la carne y los químicos. Además de eso, tenemos que las sustancias antinaturales que ingerimos también afectan nuestra condición mental. Por ejemplo, yo crecí comiendo carne y bebiendo tres vasos de leche al día y muchas de mis comidas venían empacadas. Una vez que corté con todo eso y comencé una dieta basada en vegetales, mi promedio de salud mejoró, incluyendo mi DDA (Desorden de Déficit de Atención. N del T.) y mis problemas mentales que incluían ansiedad y depresión. Acoplando mi régimen alimenticio con meditación, mi cuerpo y mi mente están mucho más en paz.

Ejercitación

No hay nada malo con una rutina diaria de ejercicios, pero para este propósito no hablaremos de agotarnos y aferrarnos al último video de entrenamiento. En casi todas las clases de budismo, se cree que para lograr una mente realmente descansada primero debes cansarte. Cada día deberías participar en alguna actividad física, desde jardinería hasta excursionismo o caminatas con meditación. Este esfuerzo físico te ayudará a que tu mente descansada alcance un estado de paz tal, que te será más fácil meditar.

La actividad física es también una manera asombrosa de asistirte cuando no puedes calmarte lo suficiente para alcanzar el nivel meditativo que buscas. A veces, cuando soy incapaz de enfocarme adecuadamente para conseguir mi pleno estado meditativo, me detengo, me levanto, camino un poco, hago yoga u otras cosas y luego regreso a mi meditación. Si tuve un día importante con mi familia o en el trabajo, siempre tengo que hacer algún ejercicio físico para preparar mi mente a la meditación. Durante estas actividades físicas, también estoy permitiendo a mi mente consciente ir donde quiera. De cierta forma, estoy autorizando que las distracciones de mi ego se encarguen lo suficiente para extraer lo que me está tratando de decir. Después de eso, puedo calmar mejor mi estado consciente, para así poder escuchar a mi verdadero yo.

Vicios

Bien sea tan algo tan peligroso como drogas, alcohol, fumar o en menor escala, azúcar y refrescos, todos luchamos contra un vicio en algún momento de nuestras vidas. Estos tipos de estimulantes impiden tener una mente clara y básicamente bloquean tu verdad y cualquier oportunidad de Iluminación. Así como los químicos que ingieres en carnes y comidas procesadas, estas sustancias -y, sí: el azúcar es un químico-, cambian la forma como tu mente trabaja y crean resultados negativos en tu cuerpo físico, los cuales continúan ese bloqueo. Cualquiera que sea tu vicio, decidir abandonarlo es una de las mejores cosas que puedes hacer por tu mente, tu cuerpo y por ti mismo. Se ha descubierto que la verdadera iluminación será imposible si llenas tu cuerpo con cosas negativas.

Piénsalo de esta manera: cada vez que pones algo dentro de tu cuerpo, ocurre una reacción. Si fumas, tus pulmones se enferman y la adicción plagará tu mente. Si comes una manzana, satisfarás el hambre y proveerás a tu cuerpo de energía positiva. Lo que entra, siempre sale, así que cuida de acabar tus vicios y darle a tu mente exactamente lo que necesita.

Meditación

Si quieres sacar de escena la búsqueda de la Iluminación y enfocarte en los aspectos positivos del proceso de meditación, encontrarás que crea un resultado positivo para todas las partes de tu sagrado cuerpo. Tu condición mental y física se pueden percibir como dos cosas diferentes, pero están conectadas de muchas maneras. Piensa en la última vez que te sentiste mentalmente fenomenal: automáticamente también te sentiste físicamente asombroso, y viceversa. Mente y cuerpo van de la mano. La meditación es una herramienta que fortalece el control de tu mente. Cuando quieres calmar tu mente para meditar, estás practicando una habilidad que puedes tener a la mano en tu vida cotidiana.

Apuesto a que si piensas en la última vez que te molestaste por algo, después te diste cuenta de que era ridículo e innecesario. Ahora imagina que tienes ese control sobre tu mente consciente y que pudiste notar el error antes de permitir que afectase tu cuerpo por completo.La situación y tu día, hubieran resultado totalmente diferente. Piensa en tu mente o tu ego, como quieras llamarlo, como una herramienta que utiliza tu cuerpo. Esa herramienta luchará para mantener el control, pero no eres tú. Cuando este cuerpo muere y eres reencarnado, la única cosa que llevas contigo es tu yo o el verdadero inconsciente. Por tanto, no dejes que el ego apegado a este cuerpo sea el obstáculo que afecte tu salud física y mental.

Empatía

Buscando entender, trata de recordar lo que se ha dicho acerca de que tu estado mental afecta tu cuerpo físico y viceversa. La empatía es la habilidad de sentir emociones y de apreciar también los sentimientos de los demás. Esta herramienta es útil en muchos y diferentes escenarios. Cuando alguien está molesto y no sabes por qué, pero la está tomando contigo, ser empático y entender que está molesto por algo es mucho mejor que ponerse a la defensiva. Básicamente lo que estás haciendo es ponerte en los zapatos del otro por un momento.

Piensa en las muchas circunstancias de tu vida que hubieran mejorado de haber sido capaz de apartarte de tu ego y haber sido empático con el otro. Esta empatía te puede guiar a áreas de tu vida de las que no te habías dado cuenta o no habías tenido la paciencia de ver que las tenías. Mirando las dos caras de la moneda, ocasiona lo que estamos buscando comenzar: la verdad. La pura verdad. Con el conocimiento de la verdad, puedes notar que es mejor, no lo que es "correcto" desde tu perspectiva, sino la calidad en su más pura forma, carente de opiniones políticas, sociales y personales. Sin importar cómo te sientes acerca de algo, eso no significa que sea verdad. La empatía puede ayudarte a discernir entre lo que quieres ver y lo que está allí.

Como con cualquier otra cosa en la vida, cuidar de tu cuerpo y mente y salirte del ciclo de acciones negativas, puede resultar arduo. Este es el punto en el que la práctica de intenciones juega un importante papel para ayudarte. Si sabes cuáles son tus intenciones, tanto mental como físicamente, serás capaz de recordarte a ti mismo y en todo momento, que vas a formar parte de algo que podría dañar tu forma humana budista. Entendemos que cambiar completamente tus hábitos alimenticios puede ser duro, pero notarás que, al comenzar a ingerir alimentos saludables, tu cuerpo los anhelará. Es una señal, que cuando consumes productos químicos y animales, no te enfermas si añades vegetales, pero si te alimentas a base de vegetales y agregas aleatoriamente carne o químicos, tu cuerpo los rechaza. Igual sucede con los vicios y los pensamientos negativos. A medida que continúas, se volverá 100% natural practicar estas acciones.

CAPÍTULO 8: CÓMO MEJORAR TU ESTILO DE VIDA UTILIZANDO LA MEDITACIÓN

La meditación es una parte importante de la práctica budista, sin importar la escuela. Se dice que la oración es hablar con Dios; la meditación es escuchar las respuestas. Existen miles, tal vez millones de meditaciones. Sin embargo, a menudo caen en unas cuantas categorías generales. Meditación de Interiorización: tiene como objetivo incrementar la sabiduría; precisamente, el entendimiento de la no-dualidad. Sin embargo, aunque la verdad de la no-dualidad es crucial, se revelan muchas otras interiorizaciones. Por ejemplo, quién eres versus cómo llegaste a creer que eres quien crees ser, lo cual no es quien eres.

Un ejemplo de meditación de interiorización es sentarse en calma, ojos ligeramente cerrados y enfocar la atención en distintas partes de tu cuerpo. Hazte consciente de cualquier sensación que surja. No reacciones a nada que venga de tu consciencia; sólo haz tu mejor esfuerzo para permanecer alerta y consciente de cualquier cosa que sientas o percibas. Esto puede sonar a que no tiene nada que ver con obtener interiorización, pero funciona, y bien.

Este tipo de meditación, llamada *mindfulness*, conlleva prestar gran atención a nuestras vidas. Concede una experiencia más inmediata de VIVIR nuestra vida, en lugar de pensar acerca de vida y sensación. ¿Recuerdas entrar en tu auto y manejar hasta tu trabajo, pero no recuerdas el hecho en sí, de haber manejado porque tus pensamientos estaban en otro lado? Cuando seas practicante experimentado de la meditación *mindfulness,* podrás decir adiós a tales eventos.

Considera que si estás pensando en lo que acaba de suceder (y en cualquier cosa que puedas concientizar que ya haya sucedido), entonces estás pensando en el pasado. Si imaginas alguna posibilidad futura, entonces estás imaginando y no experimentando. No hay nada inherentemente incorrecto en ninguna de estas maneras de ser; tienen su lugar en nuestras vidas, pero mientras más atención prestas a ello, menos consciente de la realidad estarás.

Un beneficio principal del *mindfulness* es que uno se vuelve intensamente consciente de la breve existencia de todo. Mientras más convencido estás de esto, menos seriamente tomas lo que surge. De esta manera, podemos experimentar con el tiempo la vida sin sufrimiento a través de la mente. Por qué molestarse si uno SABE que la situación cambiará… y luego cambia otra vez... y otra. La única cosa que no parece cambiar es AQUELLO de lo que se está consciente: de nuestros pensamientos, emociones y sensaciones. Nos volvemos capaces de encontrarnos con las vulgaridades (y las alegrías) de la vida con un poco más de aplomo. No nos agitamos tan a menudo. Y si algo nos molesta, regresamos a la calma mucho más rápido.

Como he mencionado, existen muchas, muchas formas de meditación. Algunas requieren sentarse en calma; otras son activas, y algunas son una mezcla entre estas dos. En todo caso, hay un creciente equipo de científicos que investigan para apoyar lo que los practicantes de la meditación han sabido todo este tiempo: que la meditación es probablemente la actividad más beneficiosa que uno puede realizar para mejorar la calidad de vida.

Consejos para Acallar tu Mente

La meditación está considerada como el arte de enfocarse con un cien por ciento de la atención en un área en particular. La práctica conlleva importantes beneficios para la salud, que incluyen incremento en la concentración, sensación de felicidad y disminución de la ansiedad. Aunque algunos individuos practican la meditación en algún momento de sus vidas, existe sólo un pequeño porcentaje que persevera lo suficiente para sentir sus beneficios. Esto es muy desafortunado y puede ser una posible razón por la cual las personas temen experimentarla. Tu actitud hace la mayor diferencia.

1. Realiza un formato de prácticas. Sólo accederás al próximo nivel de meditación si planificas un horario para ello. Yo recomiendo hacerlo al menos dos veces al día.

2. Comienza con tu respiración. Cuando respiras profunda y lentamente, el ritmo cardíaco relaja tus músculos y esto hace que tu mente se enfoque. Es una maravillosa forma de comenzar tu práctica.

3. Estírate antes de comenzar. El estiramiento suelta tus músculos y tendones. Permitirá que te sientes o te acuestes con mayor comodidad. Además, conlleva prestar atención a tu cuerpo.

4. Asegúrate de meditar con un propósito. Los principiantes necesitan entender que la meditación es un proceso activo. Este arte es arduo al principio, así que tendrás que estar comprometido intencionadamente.

5. Puede que la frustración te sorprenda. Esto se observa con frecuencia en los principiantes. Podrías encontrarte pensando por qué lo estás haciendo o por

qué es tan difícil concentrarte. Este es un ejercicio mental y se dará con la práctica. Sólo enfócate con mayor ahínco.

6. Siente tu cuerpo. Un bello ejercicio para principiantes es advertir tu cuerpo cuando tu estado meditativo comienza a arraigarse. Una vez que la mente está quieta, presta atención a tus pies y luego continúa ascendiendo por todo tu cuerpo lentamente. Asegúrate de incluir tus órganos internos. Esto es saludable e indica que tú, como principiante, te encuentras en el camino correcto.

7. Experimenta con tus posiciones. La mayoría de las personas piensan en la meditación con poses de yoga y piernas cruzadas. Esto no es correcto. Puedes meditar estando acostado, sentado en una silla, o en cualquier posición con la que te sientas cómodo.

8. Escoge una habitación en particular. Debes asegurarte que no sea donde trabajas, duermes o te ejercitas. Coloca velas u otro material espiritual que ayuden a sentirte tranquilo.

9. Lee acerca de la meditación.

Involucrarse ayudará a enfocarte mejor y a comprender aún más esta práctica.

10. Comprométete. La meditación es un modo de vida y no te beneficiará si te detienes. Esto lleva práctica.

11. Escucha música suave. La música instrumental, relajante y tranquila ayudará a tu proceso de concentración.

12. Crea momentos de consciencia durante el día. Hallar una respiración o estar presente mientras no lo estás en tu lugar formal de meditación, es una excelente manera de desarrollar el hábito de la meditación.

13. Asegúrate de no tener distracciones. Uno de los mayores errores cometidos por muchos principiantes, es que no se aseguran de mantener la tranquilidad. Si no apagaste tu teléfono móvil o silenciaste las notificaciones, no tendrás el lugar pacífico que necesitas para que la meditación funcione.

14. Realiza pequeños ajustes. Para los principiantes, el más mínimo movimiento puede transformar unafrustrada meditaciónen una de renovada sensación.

Estos pequeños cambios pudieran ser apenas percibidos por alguien externo, pero para el que medita, significará un mundo de diferencias.

15. Utiliza velas. Meditar con los ojos cerrados resulta difícil para el novato, pero las velas pueden emplearse como punto focal que fortalecerá tu período de atención. Puede ser bastante poderoso.

16. Asegúrate de no estresarte. Esto puede ser complicado para el principiante, pero es el consejo más importante. No importa lo que suceda mientras estás meditando, no te ocupes de ello en ese momento. Esto incluye el nerviosismo debido a la propia meditación.

17. Busca un compañero. A veces nosotros, como seres humanos, nos beneficiamos de la meditación con alguien en quien confiamos. Puedes hablar con un amigo o familiar acerca de los beneficios de la meditación y hacer pareja. Si tienes a alguien que te apoye, y en quien te apoyas, puede resultar en un proyecto de grupo que les beneficiará a ambos.

18. Medita en la mañana. Temprano en la

mañana es el momento ideal. Es más tranquilo y tu mente no está abarrotada del típico desastre cotidiano. También hay menos chance de distracciones. Haz un buen hábito el levantarte al menos media hora antes que nadie para practicar la meditación.

19. Agradece la experiencia. Luego de terminar la meditación, tómate unos minutos para apreciar la oportunidad que tuviste al practicarla y por la atención de tu mente.

20. Fíjate si tu interés ha comenzado a desvanecerse. Meditar es un trabajo arduo al principio. Podría llegar a un punto en el que pienses que ya no "te sienta" bien. Toma nota de esto, pues es el momento de practicar con más ahínco.

CAPÍTULO 9: TÉCNICAS DE MEDITACIÓN

Estrategias de Meditación #1: Principiantes

Si apenas estás comenzando a meditar, es mejor hacer primero meditación *mindfulness*. La meditación *mindfulness* es una de las técnicas de meditación más sencilla y que se practica más a menudo.

Para comenzar, recuerda los pasos que hemos discutido anteriormente. Asegúrate de no estar muy satisfecho ni hambriento, estar bien hidratado y vestir ropa cómoda.

1. Técnica *Mindfulness* Básica – Sentado en una silla o almohadón, respira profundamente y enfócate en tu respiración. Concientiza y presta atención a tu respiración; si tu mente comienza a divagar y piensas en el trabajo, la comida, tus relaciones o en cualquier otra cosa, suavemente redirige la atención a tu respiración. No te juzgues a ti mismo. Simplemente reconoce el pensamiento, déjalo ir y regresa el enfoque a tu respiración.

2. Técnica *Mindfulness* para Elevar y

Concientizar las Sensaciones Corporales – Una de las maneras de practicar la meditación *mindfulness* es sentado en una silla y respirar profundamente varias veces. Percibe todas las sensaciones que estás sintiendo en este momento. Advierte el hormigueo en los dedos de tus pies o la presión que sientes en tus manos. Tómate tiempo y repara en todas las sensaciones de tu cuerpo, desde tu cabeza hasta tus pies. Observa todos los sonidos, vistas, olores y sabores. Etiquétalos y déjalos ir sin ningún juicio.

3. Técnica de Meditación del Corazón de la Rosa – Esta es una técnica de meditación de concentración básica realizada por antiguos budistas. Para practicarla, necesitas una rosa o cualquier otra flor. Siéntate cómodamente en una silla y respira profundamente. Mira el centro del corazón de la rosa. Enfoca tu atención en la flor: observa su color, textura, curvas y pétalos. Si tu mente comienza a vagabundear, etiqueta tus pensamientos y vuelve tu atención a la flor. Puedes hacer esto por 5 minutos al

díadurante la primera semana y luego incrementar el tiempo a 10 minutos diarios en la segunda semana. Esta técnica te ayudará a amansar y controlar tu mente, así como a estar más presente y consciente de tus pensamientos y acciones.

Estrategias de Meditación #2: Intermedio

A los principiantes usualmente se les enseña a enfocarse y permanecer conscientes durante un breve período, digamos, de cinco a diez minutos. Se les muestra la atención plena y el control mental. Por otro lado, los practicantes intermedios pueden realizar la concentración, el mantra y la meditación creativa por períodos de tiempo más largos, digamos, de veinte a treinta minutos. Pudiera parecer fácil, pero permanecer enfocado en una sola cosa, frase o en cierto aspecto de tu vida durante veinte a treinta minutos, es bastante desafiante. Esta es la razón por la que únicamente a los practicantes intermedios se les aconseja hacerlo durante períodos más largos.

He aquí algunas de las estrategias y técnicas de meditación que los practicantes intermedios pueden realizar:

1. Práctica *Mindfulness*para Hacerte más Consciente de tus Emociones – Otra técnica de meditación*mindfulness* que puedes realizar es prestar atención a todas las emociones que estás sintiendo en el

momento. Esta es una técnica intermedia de meditación *mindfulness.*

Puedes practicar esta técnica si tus emociones son volátiles. Este método te ayudará a controlar tus sentimientos y emociones, volviéndote más desapegado a ellas. Practícala durante 15 a 20 minutos diariamente.

2. Técnica de Meditación para el Control de los Anhelos – Esta técnica es para aquellos practicantes intermedios que han desarrollado la suficiente auto consciencia y el control de sus pensamientos. Este método es utilizado frecuentemente en los centros de rehabilitación o en grupos de apoyo contra las adicciones, tales como Alcohólicos Anónimos.

Para realizarla, necesitas sentarte en una silla cómoda y concientizar tus ansias. ¿Ansías darte un gran banquete? ¿Ansías beber alcohol? ¿Ansías consumir sustancias dañinas e ilegales? Al volverte más consciente de las peticiones, etiquétalas y déjalas ir sin juicios. Reemplaza los deseos o anhelos con la aspiración de que se irán.

Cada vez que una petición dañina emerja, reemplázala cuidadosamente con la afirmación de que disminuirá. Esta es una técnica de persuasión para personas que luchan contra adicciones y abuso de alcohol. Esta técnica es también para aquellos que desean fortalecer la fuerza de voluntad e incrementar su susceptibilidad a las distracciones. Puedes practicarla durante 15 a 20 minutos al día.

3. Imaginación Guiada – Esta técnica de meditación, también llamada visualización guiada, es frecuentemente llevada a cabo por los que practican yoga, luego de realizar el *asanas* o componente físico del yoga. La imaginación guiada, a menudo se ejercita bajo la supervisión de un maestro de yoga o de meditación, quien convida a pensar en imágenes relajantes tales como una luz blanca, la playa o un bosque. La imaginación guiada está basada en el concepto de la psicología moderna de que mente y cuerpo están íntimamente conectados. Se construye en el hecho de que lo que sea que imaginas es percibido como real por tu cuerpo.

Una de las técnicas de visualización más básica que los psicólogos y médicos utilizan para ilustrar este punto, es imaginar una naranja detalladamente – su color, textura, sensación al tacto y olor. Los médicos piden oler y saborear la naranja mentalmente. Si lo haces, notarás que sientes el cosquilleo que percibirías al probar la naranja en la realidad. Esto es una evidencia concreta de que tu cuerpo percibe como real algo imaginario.

La imaginación guiada es utilizada principalmente para aliviar el estrés y relajar el cuerpo. Esta técnica de meditación es usada también por muchos practicantes de la ley de la atracción.

4. Meditación Mantra – Existen muchos tipos de meditación mantra. Uno de los más populares es la Meditación Trascendental, la cual es practicada por muchas celebridades y empresarios exitosos

Esta técnica requiere sentarse en una silla o almohadón cómodo. Cierra los ojos y respira profundamente varias veces. Enfócate inicialmente en tu respiración y luego comienza a recitar mentalmente un mantra.

Puedes repetir la palabra "amor" o "paz". Muchos practicantes intermedios de meditación recitan las palabras en sánscrito *"Baba Nam Kevalam"* que significan "Amor es todo lo que hay".

Cuando practicas esta técnica, debes enfocarte únicamente en el mantra. Si tu mente comienza a divagar y piensas en cosas triviales, regresa tu atención al mantra. Los practicantes intermedios de meditación, pueden realizar esto por 20 minutos dos veces al día.

Estas técnicas son seguras y los estudios muestran que no dejan efecto psicológico, mental o físico alguno. Se pueden realizar en casa, en un estudio de yoga, en la playa o en el jardín.

Estrategias de Meditación #3: Experto

Mientras la mayoría de las técnicas de meditación para principiantes e intermedios están dirigidas a la relajación corporal y mental y al incremento de la auto consciencia, las técnicas de meditación avanzadas buscan lograr alegría, paz, habilidades psíquicas y curativas y unión con lo Divino.

Estos métodos son practicados por expertos en meditación, tales como monjes, místicos espirituales y practicantes expertos en meditación. Estos maestros pueden concentrarse y enfocarse en una única cosa durante horas. Algunos maestros meditan durante, por lo menos, cuatro horas al día y adquieren habilidades psíquicas y supra humanas hasta el punto de levitar.

Recuerda que antes de practicar alguna técnica avanzada de meditación, necesitas limpiar tu cuerpo de malas energías negativas. Una manera de lograrlo es realizando el *asanas* o posturas de yoga. También puedes hacer ejercicios básicos como estiramiento, sentadillas, *tai chi* o ejercicios aeróbicos suaves.

He aquí algunas estrategias y técnicas avanzadas de meditación:

1. Meditación *Kundalini* – La Meditación *Kundalini* persigue despertar la energía *Kundalini* que se localiza en la base de tu espina dorsal. El *Kundalini* es el último recurso de la creatividad. Una vez que el

Kundalini está despierto, te volverás más creativo y productivo y es más probable que comiences tu viaje a la auto actualización. La meditación *Kundalini* puede ser peligrosa si no se practica correctamente, por lo que es recomendable hacerlo con un maestro o compañero.

Para realizar la meditación *Kundalini*, necesitas sentarte en una silla cómoda en posición de loto o semi-loto asegurándote de que tu espalda se encuentra completamente derecha. Cierra tus ojos y recita el mantra *"Ong Namo Guro DevNamo"* tres veces. Este mantra significa "Juro al Divino interior". Luego de gritar, respira profundamente y enfócate en tu respiración. Ahora, imagina que la respiración sale desde tu espina dorsal y que hay una energía que se levanta de tu espina hasta llegar a tu cabeza.

Continúa durante 15 o 20 minutos. Si sientes la cabeza pesada, significa que tu energía *Kundalini* ya se despertó. Luego de treinta minutos, haz una pequeña oración de gratitud.

2. Meditación de la Risa – La meditación de

la risa es una de las técnicas avanzadas de meditación más fáciles de hacer. Sin embargo, necesitarás gran concentración y fuertes habilidades de control mental para lograrlo. No es fácil reír simplemente, sin provocación de ninguna clase. Este tipo de meditación es utilizada a menudo para curar la ansiedad, el estrés y hasta la depresión.

Antes de comenzar, necesitarás ejercicios de estiramiento. Une tus manos entrelazando los dedos y hala los brazos lejos de tu cabeza. Suelta los músculos de tu rostro realizando ejercicios faciales. Cuando estés listo, siéntate y sonríe. Amplía tu risa y comienza a carcajearte. No pienses en nada divertido. Simplemente ríe sin provocación alguna. Tienes que profundizar tus carcajadas y asegurarte de que vienen de tu estómago. Concientiza tu risa y disfruta el momento. Puedes realizar esto durante diez minutos. Detén la risa y cierra tus ojos. Enfoca tus sensaciones. ¿Cómo te sientes? Vacía tus pensamientos y no pienses en nada más que en tus emociones y sentimientos. Deja ir todos los prejuicios. Continúa elevando tus sentidos y experimenta cada respiración. Cada movimiento de tus dedos. Siente el aire en tu piel y percibe la fragancia de tu habitación.

Haz esto por 10 o 15 minutos. Al practicar la meditación de la risa diariamente durante treinta días, verás mejorías significativas en tus emociones, sentimientos y en tu vida en general.

3. Técnica de Meditación Corazón de Foca – Esta técnica permite la unión con tu yo cristalizado. Cuando formas tu Yo, separas tu ego de tu Yo y abres el centro de tu corazón. Cuando formas tu Yo, te conviertes en uno con el Divino que vive en tu interior.

Para realizar la meditación corazón de foca, necesitas sentarte en posición de loto o semi-loto. Cierra tus ojos y lleva tu atención a ese espacio entre tus cejas. Cruza tus manos sobre el centro de tu corazón que está localizado al centro de tu pecho. Siente cuidadosamente tus latidos. Enumera suavemente tu pecho y recita *"Humee Hum BrahmHum"* en voz alta y rítmicamente. Enfócate en el momento y erradica los pensamientos que entren en tu mente. Esta práctica tiene como objetivo vaciar tu mente y volverse uno con el Divino en tu interior. Hazlo durante treinta minutos o una hora, de ser posible. Antes de terminar la sesión, recita una pequeña oración de gratitud. Bendícete, bendice a tus seres queridos, a tus amigos y hasta a tus enemigos.

Practica esto diariamente para lograr alegría, compasión y elevar el entendimiento. Como la mayoría de las técnicas de meditación avanzadas, necesitas realizar ejercicios físicos antes de comenzar cada sesión.

Las técnicas de meditación avanzadas se dirigen a mejorar la concentración y lograr una conciencia más elevada. También ayudan a enriquecer las relaciones y conseguir alegría y felicidad. Los maestros de meditación, en su mayoría han alcanzado consciencias más elevadas y han obtenido supremacía y control sobre sus mentes. Poseen la fortaleza mental superior y algunos pueden incluso leer las mentes y describir el perfil de las personas con sólo un vistazo. Más importante aún, los practicantes avanzados de meditación y los místicos alcanzan el estado de dicha donde pueden ser felices sin razón aparente.

Aunque mucha gente ha probado con la meditación, sólo unos pocos logran mantener el hábito. Esto hace que la meditación constante sea mucho más importante que hacer meditación. Como principiante, tu meta en la meditación no debería ser sólo aprender a meditar, sino hacer de ello un hábito cotidiano.

CAPÍTULO 10: CÓMO ESTABLECER UNA RUTINA DE MEDITACIÓN

Para hacer de la meditación una rutina diaria, he aquí algunas breves indicaciones:

Fija una hora determinada. Sólo te beneficiarás de la meditación si la practicas con regularidad. Para convertirlo en hábito, fija una hora determinada donde puedas meditar, al menos durante 10 minutos dos veces al día.

Ten un propósito para meditar. La meditación se trata de focalizar, lo que significa que la fuerza de voluntad está completamente involucrada en el proceso. Algunas veces, una pequeña motivación es lo que necesitas para apegarte a la rutina, y detrás de esa motivación, está tu propósito. Piensa en la razón por la cual quieres meditar y deja que sea tu recordatorio constante.

Escoge un área en particular para meditar. Ayuda si tienes un rincón tranquilo asignado únicamente como tu área de meditación. Acondiciona esa área colocando un suave almohadón y velas. Deja fluir tu juicio creativo.

Comienza con la respiración. Si ha llegado la hora de meditar, pero sientes que "no estás de humor", simplemente siéntate, relájate (manteniendo tu espalda recta), y enfócate en tu respiración. Deja que tu alarma te recuerde que lo hecho, hecho está. No importa si te sientes calmado o no al final de cada sesión. Lo importante es que lo hayas hecho.

Añade ejercicios de estiramiento.He aquí otra manera de comenzar a meditar, aún si no te sientes con ganas de hacerlo. Estira tu cuerpo, comienza con tus brazos y luego de pie, camina en puntillas. Estírate como si quisieras alcanzar el cielo. Después toma asiento y comienza a meditar. Te darás cuenta de que, en principio, lo que necesitabas era liberar algo de tensión de tus músculos.

Reconoce cuando la frustración golpea. Es completamente razonable para el principiante pensar cosas como: "no tiene caso", "estoy perdiendo mi tiempo" o algo por el estilo. Siempre que te sorprendas sintiéndote de ese modo, recuérdate a ti mismo que estos son obstáculos que te mantienen alejado del reconocimiento de tu verdadero potencial y de la experiencia plena de la vida. Sabes que la meditación te puede llevar allí, entonces, no te impacientes en el camino.

No pares de leer acerca de la meditación.Siempre que tengas tiempo, busca aprender más acerca de la meditación. Los pensamientos y sugerencias de los expertos y compañeros que la practican, te inspirarán a seguir tu rutina y te recordarán los beneficios de la meditación constante.

Explora.La meditación es como la prima del ejercicio, lo que significa que debes también agregar variedad a tu meditación, de lo contrario, te aburrirás. Existen muchas y diferentes técnicas de meditación por allí para que pruebes cada día. El mundo está a tus pies.

CONCLUSIÓN

Ahora que tienes toda la información básica que necesitas, es tiempo de ponerla en práctica. Recuerda que la meditación puede ser tan profunda y amplia como quieras. Puedes escoger nadar en la superficie del lago, o sumergirte en sus profundidades. Sólo depende de ti. Creo que este libro te ha ofrecido todo lo que requieres para nutrir tu práctica e indagar más acerca de la meditación. Siempre y cuando puedas mantenerte motivado y enfocado, puedes estar seguro de que verás los beneficios físicos, emocionales y espirituales. Te deseo mucho amor y lo mejor en tu viaje hacia latransformación en tu más grande Yo.

Parte 2

INTRODUCCIÓN

Una persona común puede considerar la meditación como una adoración u oración. Pero no es así. Meditación significa conciencia. Cualquier cosa que hagas con la conciencia es meditación. "Mirar tu respiración" es meditación; escuchar a los pájaros es meditación. Mientras estas actividades estén libres de cualquier otra distracción para la mente, es una meditación efectiva. La meditación no es una técnica sino una forma de vida. Meditación significa 'un cese del proceso de pensamiento'. Describe un estado de conciencia, cuando la mente está libre de pensamientos dispersos y varios patrones. El observador (uno que está haciendo meditación) se da cuenta de que toda la actividad de la mente se reduce a una.

Un científico que deseaba evaluar funciones fisiológicas durante una meditación profunda estaba monitoreando a un Lama Tibetano en una máquina de escáner cerebral. El científico dijo: "Muy bien señor. La máquina muestra que usted puede profundizar en la relajación del cerebro, y eso valida su meditación". "No", dijo el Lama, "¡Esto (apuntando a su cerebro) valida la máquina!".

En estos días se entiende comúnmente que significa alguna forma de práctica espiritual en la que uno se sienta con los ojos cerrados y vacía la mente para alcanzar la paz interior, la relajación o incluso una experiencia de Dios. Algunas personas usan el término como "mi jardinería es mi meditación" o para correr, arte o música, por lo tanto, crean confusión o malos entendidos. La palabra meditación se deriva de dos palabras latinas: meditar (pensar, reflexionar, ejercitar la mente) y mederi (sanar). Su derivación sánscrita 'medha' significa sabiduría. Hace muchos años, la meditación se consideraba algo que no estaba destinado a las personas modernas, pero ahora se ha vuelto muy popular entre todo tipo de personas. La evidencia científica y médica publicada ha demostrado sus beneficios, pero aún debe entenderse mucho.

Tradicionalmente, los textos clásicos de yoga describen que para alcanzar verdaderos estados de meditación uno debe pasar por varias etapas. Después de la preparación necesaria del código personal y social, la posición física, el control de la respiración y la relajación llegan las etapas más avanzadas de concentración, contemplación y, finalmente, absorción. Pero eso no significa que uno deba perfeccionar una etapa antes de pasar a la siguiente. El enfoque de yoga integral es la aplicación simultánea de un poco de todas las etapas juntas.

Comúnmente hoy, las personas pueden referirse a cualquiera de estas etapas cuando se refieren al término meditación. Algunas escuelas solo enseñan técnicas de concentración, algo de relajación, y otras enseñan actividades contemplativas de forma libre, como sentarse y esperar la absorción. Algunos lo llaman meditación sin dar crédito al yoga por temor a ser calificado como 'oriental'. Pero el yoga no es algo oriental u occidental, ya que es universal en su enfoque y aplicación.

Con la práctica regular de una serie equilibrada de técnicas, la energía del cuerpo y la mente puede liberarse y la calidad de la conciencia puede expandirse. Esta no es una afirmación subjetiva, pero ahora está siendo investigada por los científicos y se está mostrando por un hecho empírico.

Hay dos tipos de meditación: activa y pasiva.
La meditación activa se relaciona con actividades de la vida cotidiana, como caminar, trabajar, comer, etc. Este es, de hecho, el objetivo del Yoga, experimentar un estado meditativo en la vida cotidiana que tiene el efecto de aumentar el rendimiento a medida que el trabajo se

realiza con más eficiencia y energía.

Para lograr la meditación activa, se requiere meditación pasiva que implica tomarse un tiempo para sentarse y realizar técnicas o prácticas de meditación. Esto se llama pasivo, ya que implica retirarnos en posturas tranquilas y sentadas para lograr un estado meditativo que nos pueda ayudar en nuestra vida activa. El objetivo de todas las técnicas de meditación pasiva es calmar la mente de los pensamientos vacilantes y distractores y gradualmente hacerla puntiaguda.

Las técnicas de meditación pasiva, aunque de muchos tipos, esencialmente tienen el mismo modus operandi:
Etapa 1: Introversión: involucra posturas de asiento y conciencia sobre un objeto. Esto tiene el efecto de calmar la mente y hacerla 'receptiva' para ver lo que hay dentro.
Etapa 2: la introversión conduce al flujo libre de pensamientos, visiones, complejos, recuerdos, etc. desde la mente

inferior. Nuestras pasiones, miedos, dudas y deseos surgen y ahora estamos en condiciones de observarlos y eliminar el contenido indeseable de nuestras mentes para siempre.

Etapa 3: Habiendo observado la mente inferior, ahora estamos en condiciones de explorar los reinos subconscientes. Es aquí donde comienza la verdadera meditación. Nuestro depósito ilimitado de energía y conocimiento comienza a manifestarse.

Etapa 4: autorrealización: a medida que se trascienden estas etapas, se alcanza la felicidad suprema.

Hay muchos métodos de mediación conocidos hoy. Algunos son mejores para principiantes; otros se abordan mejor después de algunos años de experiencia. Entonces, para darle un punto de partida, se puede seguir el siguiente método:

• Elija un momento en el que no sea probable que lo molesten.
• Acomódese en un lugar que tenga aire fresco. Si lo desea, ten un poco de incienso a tu alrededor te relajará. Puede sentarse

en cualquiera de las posturas meditativas dependiendo de su nivel de comodidad, y permanecer en esa postura durante el tiempo deseado.

• Comience aprendiendo a enfocarse en algo que no sea amenazante. Esto te relajará, romperá tu respuesta al estrés.

• Concéntrese en un tema que le atraiga, podría ser una flor, una palabra o la llama de una vela.

• Observe cómo vagan sus pensamientos. No intente controlarlos. Obsérvelos con desprendimiento.

• En unas pocas semanas, notará una marcada diferencia en su capacidad de concentración. Este es el trampolín hacia la conciencia.

LA NECESIDAD DE MEDITAR

La meditación es enriquecimiento para tu alma.

Mientras que un estado meditativo es el resultado natural del yoga y el beneficio espiritual de la meditación es la felicidad suprema o la iluminación, es poco probable que muchos entiendan estas palabras.
Sin embargo, el progreso hacia la meditación y las técnicas de meditación tienen varios beneficios a nivel corporal o material:

• Mejora del lustre corporal y la salud general: cuando su mente se concentra en una parte particular del cuerpo, el flujo de sangre a esa parte aumenta y las células reciben más oxígeno y otros nutrientes en abundancia. Hoy, muchas de las estrellas de cine y modelos de moda incluyen la meditación en su régimen diario.
• Mejora en la concentración: muchos de

los atletas y profesionales del deporte emplean regularmente métodos de meditación. Los estudios han encontrado una correlación directa entre los ejercicios de concentración (meditación) y el nivel de rendimiento de los profesionales del deporte. La meditación fortalece la mente, está bajo control y puede proporcionar una guía efectiva al cuerpo físico para ejecutar con eficacia todos sus proyectos. Los ejercicios psicológicos son una forma poderosa de mejorar la concentración y mejorar la fortaleza mental.

Beneficios de la meditación para la salud:

Aunque la meditación generalmente se reconoce como una práctica en gran medida espiritual, también tiene muchos beneficios para la salud. Las técnicas de yoga y meditación se están implementando en el manejo de enfermedades que amenazan la vida; en la transformación de la estructura molecular y genética; en la reversión de enfermedades mentales, en programas de aprendizaje acelerado, en percepciones y comunicaciones más allá de lo físico, en resolver problemas y física atómica y nuclear; en obtener una mejor comprensión ecológica; en la gestión del estilo de vida y los problemas del mundo futuro. Algunos beneficios de la meditación son:

• Reduce el consumo de oxígeno.
• Disminuye la frecuencia respiratoria.
• Aumenta el flujo sanguíneo y disminuye la frecuencia cardíaca.
• Aumenta la tolerancia al ejercicio en pacientes cardíacos.
• Conduce a un nivel más profundo de relajación.
• Bueno para personas con presión arterial alta, ya que baja la P.A. a la normalidad
• Reduce los ataques de ansiedad al disminuir los niveles de lactato en sangre.
• Disminuye la tensión muscular (cualquier dolor debido a la tensión) y dolores de cabeza.

- Desarrolla confianza en sí mismo.
- Aumenta la producción de serotonina que influye en el estado de ánimo y el comportamiento. Los bajos niveles de serotonina se asocian con depresión, obesidad, insomnio y dolores de cabeza.
- Ayuda en enfermedades crónicas como alergias, artritis, etc.
- Reduce el síndrome premenstrual.
- Ayuda en la curación postoperatoria.
- Mejora el sistema inmune. La investigación ha revelado que la meditación aumenta la actividad de las 'células asesinas naturales', que matan las bacterias y las células cancerosas.
- También reduce la actividad de los virus y la angustia emocional.

Beneficios de la meditación sobre la salud de la mujer y el embarazo:

- Identidad propia, además de hija, esposa, madre, etc. Las mujeres comienzan la vida como la hija de alguien, y luego la amante, la esposa, la madre de alguien. Sí, pero ¿quién soy yo? ¿Quién soy realmente? Una mujer no solo necesita comprender su cuerpo, sino que también necesita conectarse con la esencia de su verdadero ser. Un verdadero yo, que es una identidad más allá del cambio cotidiano, más allá del género, más allá de las fluctuaciones de las hormonas, más allá de las expectativas familiares y otros patrones de personalidad superpuestos. Descubrir este verdadero yo no es tan fácil. Justo cuando sabes quién eres, todo cambia de nuevo.

El proceso de autodescubrimiento implica, eliminar las falsas capas de identidad, volver a través de todos los condicionamientos, darse cuenta: "No soy eso, ni eso, ni eso", un vacío del cual surge la realización - "¡Aja! Soy eso". El lugar para este autodescubrimiento no es el sillón del psiquiatra, la cama matrimonial, el grupo de madres o incluso un retiro de yoga, sino dentro de sus propios momentos de meditación privada.

- Resolver fobias -

La meditación puede ayudar a resolver las neurosis, los miedos y los conflictos más profundos que juegan su papel en causar estrés y problemas de salud.
• Para las futuras madres: La meditación pone a las madres en sintonía con sus bebés. Mantra Japa es especialmente apropiado para mujeres embarazadas. Después del nacimiento, la meditación diaria se convierte en un tiempo precioso para reenfocarse y dar sentido a los muchos pensamientos y sentimientos nuevos que pueden atravesar su mente, provocados por los eventos del parto y la nueva maternidad.

TIPOS DE MEDITACIÓN

Ok, entonces sabes que la meditación tiene docenas de beneficios, y todos lo están haciendo. Buscas información en línea o en una librería, y ves que hay MUCHAS formas diferentes de hacer meditación, docenas de técnicas de meditación y alguna información contradictoria. Te preguntas qué camino es mejor para ti.

TIPOS GENERALES
Los científicos generalmente clasifican la meditación en función de la forma en que enfocan la atención, en dos categorías: Atención enfocada y Monitoreo abierto. Me gustaría proponer un tercero: Presencia sin esfuerzo.

Meditación de atención enfocada

Centrar la atención en un solo objeto durante toda la sesión de meditación. Este objeto puede ser la respiración, un mantra, visualización, parte del cuerpo, objeto externo, etc. A medida que el practicante avanza, su capacidad para mantener el flujo de atención en el objeto elegido se vuelve más fuerte y las distracciones se vuelven menos comunes y cortas. Se desarrollan tanto la profundidad como la firmeza de su atención. Ejemplos de estos son: Samatha (meditación budista), algunas formas de Zazen, meditación de bondad amorosa, meditación chakra, meditación kundalini, meditación de sonido, meditación mantra, pranayama, algunas formas de qigong y muchas otras.

Meditación de monitoreo abierto

En lugar de enfocar la atención en cualquier objeto, lo mantenemos abierto, monitoreando todos los aspectos de nuestra experiencia, sin juicio ni apego. Todas las percepciones, ya sean internas (pensamientos, sentimientos, memoria, etc.) o externas (sonido, olfato, etc.), son reconocidas y vistas por lo que son. Es el proceso de monitoreo no reactivo del contenido de la experiencia de un momento a otro, sin entrar en ellos. Algunos ejemplos son: meditación de atención plena, Vipassana, así como algunos tipos de meditación taoísta.

Presencia sin esfuerzo

Es el estado en el que la atención no se centra en nada en particular, sino que descansa sobre sí misma: silenciosa, vacía, constante e introvertida. También podemos llamarlo "Conciencia sin elección" o "Ser puro". La mayoría de las [citas de meditación](#) que encuentras hablan de este estado.

Este es en realidad el verdadero propósito detrás de todo tipo de meditación, y no un tipo de meditación en sí mismo. Todas las técnicas tradicionales de meditación reconocen que el objeto de enfoque, e incluso el proceso de monitoreo, es solo un medio para entrenar la mente, de modo que se pueda descubrir un silencio interno sin esfuerzo y estados de conciencia más profundos. Eventualmente, tanto el objeto de enfoque como el proceso en sí mismo se quedan atrás, y solo queda el verdadero ser del practicante, como "presencia pura".

En algunas técnicas, este es el único enfoque, desde el principio. Algunos ejemplos son: la auto investigación (meditación "yo soy") de Ramana Maharishi; Dzogchen; Mahamudra; algunas formas de meditación taoísta; y algunas formas avanzadas de Raja Yoga. Desde mi punto de vista, este tipo de meditación siempre requiere entrenamiento previo para ser efectivo, aunque a veces esto no se dice expresamente (solo se infiere).

MEDITACIÓN BUDISTA

1. Meditación Zen (Zazen)
   Origen y significado

2. Zazen significa "zen sentado" o "meditación sentada" en japonés. Tiene sus raíces en la tradición del budismo zen chino (Ch´an), que se remonta al monje indio Bodhidharma (siglo VI EC). En Occidente, sus formas más populares provienen de Dogen Zenji (1200 ~ 1253), el fundador del movimiento Soto Zen en Japón. Se practican modalidades similares en la escuela de Rinzai de Zen, en Japón y Corea.

Cómo hacerlo

Generalmente se practica sentado en el suelo sobre una colchoneta y un cojín, con las piernas cruzadas. Tradicionalmente se hacía en posición de loto o medio loto, pero esto apenas es necesario. Hoy en día la mayoría de los practicantes se sientan así:

O sobre una silla:

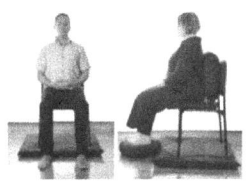

El aspecto más importante, como puede ver en las imágenes, es mantener la espalda completamente recta, desde la pelvis hasta el cuello. La boca se mantiene cerrada y los ojos se mantienen bajos, con la mirada apoyada en el suelo a unos dos o tres pies delante de usted.

En cuanto al aspecto mental, generalmente se practica de dos maneras:
• Enfocarse en la respiración: concentre toda su atención en el movimiento de la respiración que entra y sale por la nariz. Esto puede ser ayudado contando la respiración en su mente. Cada vez que inhala, cuenta un número, comenzando con 10, y luego retrocediendo a 9, 8, 7, etc. Cuando llegue a 1, reanudará desde 10 nuevamente. Si se distrae y pierde la cuenta, vuelva suavemente la atención al 10 y continúe desde allí.

- Shikantaza ("simplemente sentado"): en esta forma el practicante no usa ningún objeto específico de meditación; más bien, los practicantes permanecen lo más posible en el momento presente, conscientes y observando lo que pasa por sus mentes y a su alrededor, sin detenerse en nada en particular. Es un tipo de meditación de Presencia sin esfuerzo

Meditación Vipassana

Origen y significado

"Vipassana" es una palabra pali que significa "perspicacia" o "visión clara". Es una práctica budista tradicional, que data del siglo VI a. C. La meditación Vipassana, como se enseñó en las últimas décadas, proviene de la tradición budista Theravada, y fue popularizada por S. N. Goenka y el movimiento Vipassana. Debido a la popularidad de la meditación Vipassana, el "mindfulness de la respiración" ha ganado mayor popularidad en Occidente como "mindfulness".

Cómo hacerlo

[Hay información contradictoria sobre cómo practicar Vipassana. Sin embargo, en general, la mayoría de los
maestros enfatizan comenzar con el mindfulness de la respiración en las primeras etapas, para estabilizar la mente y lograr la "concentración de acceso". Esto es más como una meditación de atención enfocada. Luego, la práctica pasa a desarrollar una "visión clara" sobre las sensaciones corporales y los fenómenos mentales, observándolos momento a momento y sin aferrarse a ninguno. Aquí va una introducción, dirigida a principiantes. Para saber más, sugiero seguir los enlaces proporcionados o aprender de un maestro (tal vez en un retiro de Vipassana).]
Idealmente, uno es sentarse en un cojín en el piso, con las piernas cruzadas, con la

columna erguida; alternativamente, se puede usar una silla, pero la parte posterior no debe ser apoyada. El primer aspecto es desarrollar la concentración, a través de la práctica de samatha. Esto se hace típicamente a través de la conciencia respiratoria. Concentre toda su atención, momento a momento, en el movimiento de su respiración. Observe las sensaciones sutiles del movimiento del abdomen que sube y baja. Alternativamente, uno puede concentrarse en la sensación del aire que pasa a través de las fosas nasales y toca la piel de los labios superiores, aunque esto requiere un poco más de práctica y es más avanzado.

A medida que se concentra en la respiración, notará que otras percepciones y sensaciones continúan apareciendo: sonidos, sentimientos en el cuerpo, emociones, etc. Simplemente observe estos fenómenos a medida que emergen en el campo de la conciencia y luego regrese a la sensación de respiración. La atención se mantiene en el objeto de concentración (la respiración), mientras que estos otros pensamientos o sensaciones están ahí simplemente como "ruido de fondo". El objeto que es el foco de la práctica (por ejemplo, el movimiento del abdomen) se llama el "objeto primario". Y un "objeto secundario" es cualquier otra cosa que surja en su campo de percepción, ya sea a través de sus cinco sentidos (sonido, olfato, picazón en el cuerpo, etc.) o a través de la mente (pensamiento, memoria, sentimiento, etc.). Si un objeto secundario atrae su atención y lo aleja, o si provoca que aparezca deseo o aversión, debe enfocarse en el objeto secundario por un momento o dos, etiquetándolo con una nota mental, como "pensamiento", "memoria", "escuchar", "desear". Esta práctica a menudo se llama "notar".

Una nota mental identifica un objeto en general pero no en detalle. Cuando se percate de un sonido, por ejemplo, etiquételo "escuchar" en lugar de "motocicleta", "voces" o "perro ladrando". Si surge una sensación desagradable, observe "dolor" o "sensación" en lugar de "rodilla" dolor "o" mi dolor de espalda". Luego, vuelva su atención al objeto primario de meditación. Cuando esté consciente de una fragancia, diga la nota mental "oliendo" por un momento o dos. No tiene que identificar el aroma. Cuando uno ha obtenido así "concentración de acceso", la atención se dirige al objeto de práctica, que normalmente es pensamiento o sensaciones corporales. Uno observa los objetos de conciencia sin apego, dejando que los pensamientos y las sensaciones surjan y desaparezcan por sí mismos. El etiquetado mental (explicado anteriormente) a menudo se usa como una forma de evitar que te dejes llevar por los pensamientos y que te des cuenta de manera más objetiva. Como resultado, uno desarrolla la clara visión de que el fenómeno observado está impregnado por las tres "marcas de existencia": impermanencia (Annika), falta de satisfacción (dukkha) y vacío de sí mismo (annata). Como resultado, se desarrolla la ecuanimidad, la paz y la libertad interior en relación con estos aportes.

Meditación de Mindfulness

Origen y significado
La meditación consciente es una adaptación de las prácticas tradicionales de meditación budista, especialmente Vipassana, pero también tiene una fuerte influencia de otros linajes (como el budismo zen vietnamita de Thich Nhat Hanh). "Mindfulness" es la traducción occidental común para el término budista sati. Anapanasati, "mindfulness de la respiración", es parte de la práctica budista de Vipassana o meditación interna, y otras prácticas budistas de meditación, como el zazen.
Uno de los principales influyentes de Mindfulness en Occidente es John Kabat-Zinn. Su Programa de Reducción del Estrés

Basado en el Mindfulness (PREBM), que desarrolló en 1979 en la Facultad de Medicina de la Universidad de Massachusetts, se ha utilizado en varios hospitales y clínicas de salud en las últimas décadas.

Cómo hacerlo

La meditación de atención plena es la práctica de enfocarse intencionalmente en el momento presente, aceptar y prestar atención sin prejuicios a las sensaciones, pensamientos y emociones que surgen. Para el tiempo de "práctica formal", siéntese en un cojín en el piso, o en una silla, con la espalda recta y sin apoyo. Preste mucha atención al movimiento de su respiración. Cuando respire, tenga en cuenta que está respirando y cómo se siente. Cuando exhales, ten en cuenta que estás exhalando. Haga esto durante toda su práctica de meditación, redirigiendo constantemente la atención a la respiración. O puede seguir prestando atención a las sensaciones, pensamientos y sentimientos que surgen.

El esfuerzo es no agregar nada intencionalmente a nuestra experiencia del momento presente, sino ser conscientes de lo que está sucediendo, sin perdernos en nada que surja. Su mente se distraerá con sonidos, sensaciones y pensamientos. Siempre que eso suceda, reconozca suavemente que se ha distraído y vuelva la atención a la respiración, o al objetivo de darse cuenta de ese pensamiento o sensación. Hay una gran diferencia entre estar dentro del pensamiento / sensación y simplemente *ser consciente* de su presencia. Aprenda a disfrutar su práctica. Una vez que haya terminado, aprecie lo diferente que se sienten el cuerpo y la mente. También existe la práctica del mindfulness durante nuestras actividades diarias: mientras comemos, caminamos y hablamos. Para la meditación de la "vida cotidiana", la práctica es prestar atención a lo que está sucediendo en el momento presente, ser consciente de lo que está sucediendo y no vivir en "modo automático". Si está hablando, eso significa prestar atención a las palabras que habla, cómo las pronuncia y escuchar con presencia y atención. Si está caminando, eso significa ser más consciente de los movimientos de su cuerpo, sus pies tocando el suelo, los sonidos que está escuchando, etc. Su esfuerzo en la práctica sentada apoya su práctica de la vida diaria, y viceversa. Ambos son igualmente importantes.

Meditación de bondad amorosa (Meditación Metta)

Origen y significado
Metta es una palabra pali que significa amabilidad, benevolencia y buena voluntad. Esta práctica proviene de las tradiciones budistas, especialmente los linajes Theravada y Tibetano. La "meditación de compasión" es un campo científico contemporáneo que demuestra la eficacia de metta y las prácticas meditativas relacionadas.
Los beneficios demostrados incluyen:

aumentar la capacidad de empatizar con los demás; desarrollo de emociones positivas a través de la compasión, incluida una actitud más amorosa hacia uno mismo; mayor auto aceptación; mayor sentimiento de competencia sobre la vida de uno; y mayor sentimiento de propósito en la vida.

Cómo hacerlo
Uno se sienta en una posición de meditación, con los ojos cerrados, y genera en su mente y corazón sentimientos de bondad y benevolencia. Comience por desarrollar la bondad amorosa hacia usted mismo, luego progresivamente hacia los demás y todos los seres. Por lo general, se recomienda esta progresión:

1. Uno mismo
2. Un buen amigo
3. Una persona "neutral"
4. Una persona difícil
5. Los cuatro anteriores por igual
6. Y luego gradualmente todo el universo

El sentimiento a ser desarrollado es el de desear felicidad y bienestar para todos. Esta práctica puede ayudarse recitando palabras u oraciones específicas que evocan el "sentimiento ilimitado de corazón cálido", visualizando el sufrimiento de los demás y enviando amor; o imaginando el estado de otro ser y deseándole felicidad y paz. Cuanto más practiques esta meditación, más alegría experimentarás. "Para uno, que atiende adecuadamente a la liberación del corazón por la benevolencia, no surge la voluntad no planteada y la voluntad surgida se abandona". - El Buda

2) MEDITACIÓN HINDÚ (védica y yóguica)
Meditación Mantra (Meditación OM)
Origen y significado
Un mantra es una sílaba o palabra, generalmente sin ningún significado particular, que se repite con el propósito de enfocar su mente. No es una afirmación utilizada para convencerse de algo. Algunos maestros de meditación insisten

en que tanto la elección de la palabra como su pronunciación correcta son muy importantes, debido a la "vibración" asociada al sonido y al significado, y que por esta razón es esencial una iniciación en ella. Otros dicen que el mantra en sí mismo es solo una herramienta para enfocar la mente, y la palabra elegida es completamente irrelevante. Los mantras se usan en las tradiciones hindúes, las tradiciones budistas (especialmente el budismo tibetano y de "tierra pura"), así como en el jainismo, el sijismo y el taoísmo (taoísmo). Algunas personas llaman a la meditación mantra "meditación om", pero ese es solo uno de los mantras que se pueden usar. Una práctica de mantras más orientada a la devoción se llama japa, y consiste en repetir sonidos sagrados (nombre de Dios) con amor.

Cómo hacerlo

Como la mayoría de los tipos de meditaciones, generalmente se practica sentado con la columna erguida y los ojos cerrados. Luego, el practicante repite el mantra en su mente, en silencio, una y otra vez durante toda la sesión. A veces, esta práctica se combina con ser consciente de la respiración o coordinarse con ella. En otros ejercicios, el mantra se susurra en voz muy baja y suave, como ayuda para la concentración. A medida que repite el mantra, crea una vibración mental que le permite a la mente experimentar niveles más profundos de conciencia. A medida que medita, el mantra se vuelve cada vez más abstracto e indistinto, hasta que finalmente es llevado al campo de la conciencia pura de donde surgió la vibración. La repetición del mantra te ayuda a desconectarse de los pensamientos que llenan su mente para que tal vez pueda deslizarse en la brecha entre los pensamientos. El mantra es una herramienta para apoyar su práctica de meditación. Los mantras pueden ser vistos como antiguas palabras de poder con intenciones sutiles que nos ayudan a conectarnos con el espíritu, la fuente de todo en el universo.

Estos son algunos de los mantras más conocidos de las tradiciones hindúes y budistas:

- om
- so-ham
- om namah shivaya
- om mani padme hum
- rama
- yam
- ham

Puede practicar durante un cierto período de tiempo, o para un número determinado de "repeticiones", tradicionalmente 108 o 1008. En este último caso, las cuentas se utilizan generalmente para llevar la cuenta. A medida que la práctica se profundiza, puede encontrar que el mantra continúa "por sí mismo" como el zumbido de la mente. O el mantra puede incluso desaparecer, y queda en un estado de profunda paz interior. Meditar con un mantra también puede simplificar la integración de tu estado meditativo en tu vida diaria. En cualquier actividad en la que te encuentres, puede ser tan simple como repetir el mantra en tu mente.

Meditación Trascendental (MT)

Origen y significado
La Meditación Trascendental es una forma específica de Meditación Mantra introducida por MaharishiMaheshYogi en 1955 en India y Occidente. A fines de la década de 1960 y principios de la de 1970, el Maharishi alcanzó fama como el gurú de los Beatles, The Beach Boys y otras celebridades.
Es una forma de meditación ampliamente practicada, con más de 5 millones de practicantes en todo el mundo, y hay mucha investigación científica, muchas patrocinadas por la organización, que demuestran los beneficios de la práctica. Hay más de 600 artículos científicos, muchos de ellos revisados por pares, y he utilizado parte de su investigación al

componer en mi página mis [beneficios de la meditación](). Sin embargo, también hay críticos del Maharishi y su organización, y algunas acusaciones de comportamiento de culto y prácticas de investigación dudosas.

Cómo hacerlo
La meditación trascendental no es enseñada libremente. La única forma de aprender es pagar para aprender de uno de sus instructores con licencia. Sin embargo, el apoyo brindado parece ser bueno.

En general, sin embargo, se sabe que MT implica el uso de un mantra y se practica durante 15-20 minutos dos veces al día mientras se está sentado con los ojos cerrados. El mantra no es único, y se le da al profesional en función de su género y edad. Tampoco son "sonidos sin sentido", sino que son nombres tántricos de deidades hindúes. Esto probablemente es irrelevante para la mayoría de las personas.

Existe otra técnica similar, llamada Alivio

Natural del Stress, que fue creada en 2003 por un ex maestro de MT, y es mucho más barata de aprender (47 USD en lugar de 960 USD), y ha eliminado algunos elementos místicos de la práctica de MT, como la iniciación (puja) y el vuelo yóguico (parte de MT-Siddhi).

Meditaciones de yoga

Origen y significado
No hay un solo tipo de meditación que sea "meditación yóguica", por lo que aquí se entiende los diversos tipos de meditación que se enseñan en la tradición del yoga. Yoga significa "unión". La tradición llega hasta 1700 a. C. y tiene como objetivo más elevado la purificación espiritual y el autoconocimiento. El yoga clásico divide la práctica en reglas de conducta (yamas y niyamas), posturas físicas (asanas), ejercicios de respiración (pranayama) y prácticas contemplativas de meditación (pratyahara, dharana, dhyana, samadhi). La tradición del yoga es la tradición de

meditación más antigua en la tierra, y también la que tiene la más amplia variedad de prácticas.

Cómo hacerlo
Aquí hay algunos tipos de meditación practicados en Yoga. La meditación de yoga más común y universal es la "meditación del tercer ojo". Otros populares implican concentrarse en un chakra, repetir un mantra, visualizar la luz o contemplar meditaciones.

• **Meditación del tercer ojo**: enfoca la atención en el "punto entre las cejas" (llamado por algunos "el tercer ojo" o "*ajnachakra*"). La atención se redirige constantemente a este punto, como un medio para silenciar la mente. Con el tiempo, las "brechas silenciosas" entre los pensamientos se amplían y profundizan. A veces esto se acompaña físicamente de "mirar", con los ojos cerrados, hacia ese lugar.

• **Meditación del chakra**: el practicante se enfoca en uno de los siete chakras del cuerpo ("centros de energía"), típicamente haciendo algunas visualizaciones y cantando un mantra específico para cada chakra (*lam, vam, ram, yam, ham, om*). Con mayor frecuencia se realiza en el chakra del corazón, el tercer ojo y el chakra de la corona.

- **Meditación de observación (Trataka)**: fija la mirada en un objeto externo, generalmente una vela, imagen o símbolo (*yantras*). Se hace con los ojos abiertos, y luego con los ojos cerrados, para entrenar los poderes de concentración y visualización de la mente. Después de cerrar los ojos, aún debe mantener la imagen del objeto en su "ojo de la mente".

Meditación Kundalini: este es un sistema complejo de práctica. El objetivo es el despertar de la "energía kundalini" que yace latente en la base de la columna vertebral, el desarrollo de varios centros psíquicos en el cuerpo y, finalmente, la iluminación. Hay varios peligros asociados con esta práctica, y no debe intentarse sin la guía de un yogui calificado.

- **Kriya Yoga**: es un conjunto de ejercicios de energización, respiración y meditación enseñados por Paramahamsa Yogananda. Esto es más adecuado para aquellos que tienen un temperamento devocional y buscan los aspectos espirituales de la meditación.

- **Meditación de sonido (Nada Yoga)**: se centra en el sonido. Comienza con la meditación sobre "sonidos externos", como la música ambiental relajante (como la música de flauta nativa americana), por la cual el estudiante enfoca toda su atención solo en escuchar, como una ayuda para calmar y recuperar la mente. Con el tiempo, la práctica evoluciona a escuchar los "sonidos internos" del cuerpo y la mente. El objetivo final es escuchar el "Ultimate Sound" (*para nada*), que es un sonido sin vibración, y que se manifiesta como "OM".

Tantra: a diferencia de la visión popular en Occidente, la mayoría de las prácticas de Tantra no tienen nada que ver con el sexo ritualizado (esto fue practicado por una minoría de linajes. Tantra es una tradición muy rica, con docenas de diferentes prácticas contemplativas. El texto

<u>Vijnanabhairava Tantra</u>, por ejemplo, enumera 108 "meditaciones", la mayoría de ellas más avanzadas (que ya requieren un cierto grado de quietud y control mental). Aquí hay algunos ejemplos de ese texto:

Fusionar la mente y los sentidos en el espacio interior en el corazón espiritual.
Cuando se percibe un objeto, todos los demás objetos se vuelven vacíos. Concéntrate en ese vacío.
Concéntrate en el espacio que ocurre entre dos pensamientos.
Fijar la atención en el interior del cráneo. Ojos cerrados.
Medita con motivo de cualquier gran deleite.
Medita en la sensación de dolor.
Deténgase en la realidad que existe entre el dolor y el placer.
Medite en el vacío en el cuerpo de uno extendiéndose en todas las direcciones simultáneamente.
Concéntrese en un pozo sin fondo o de pie en un lugar muy alto.

Escuche el sonido de Anahata [chakra del corazón].
Escuche el sonido de un instrumento musical mientras se apaga. Contemplar en el universo o en el propio cuerpo como lleno de dicha.
Concéntrate intensamente en la idea de que el universo está completamente vacío. Contemplar que la misma conciencia existe en todos los cuerpos.

• Pranayama: regulación de la respiración. No es exactamente meditación, sino una práctica excelente para calmar la mente y prepararla para la meditación. Hay varios tipos diferentes de Pranayama, pero el más simple y más comúnmente enseñado es el 4-4-4-4. Esto significa inhalar contando hasta 4, mantener durante 4 segundos, exhalar durante 4 segundos y mantener vacío durante 4 segundos. Respira por la nariz y deja que el abdomen (y no el pecho) sea el que se mueva. Ir a través de algunos ciclos como este. Esta regulación de la respiración equilibra los estados de ánimo y pacifica el cuerpo, y se puede hacer en cualquier lugar. El yoga es una tradición muy rica, con diferentes linajes, por lo que hay muchas otras técnicas. Pero los de arriba son los más conocidos; los otros son más específicos o complejos.

Autoinvestigación y meditación "Yo Soy"

Origen y significado Auto investigación es la traducción al inglés del término sánscrito atma vichara. Significa "investigar" nuestra verdadera naturaleza, encontrar la respuesta a la pregunta "¿Quién soy yo?", Que culmina con el conocimiento íntimo de nuestro verdadero Ser? nuestro verdadero ser. Vemos referencias a esta meditación en textos indios muy antiguos; sin embargo, fue muy popularizada y ampliada por el sabio indio del siglo XX Ramana Maharshi (1879 ~ 1950). El movimiento moderno de no dualidad (o neo-advaita), que está muy inspirado en sus enseñanzas, así como en las de Nisargadatta Maharaj (1897 ~ 1981) y

Papaji, usa esta técnica y sus variaciones.

Cómo hacerlo
Esta práctica es muy simple, pero también muy sutil. Sin embargo, al explicarlo, puede sonar muy abstracto. Su sentido del "yo" (o "ego") es el centro de su universo. Está allí, de una forma u otra, detrás de todos sus pensamientos, emociones, recuerdos y percepciones. Sin embargo, no tenemos claro qué es este "yo", sobre quiénes somos realmente, en esencia, y lo confundimos con nuestro cuerpo, nuestra mente, nuestros roles, nuestras etiquetas. Es el misterio más grande de nuestras vidas. Con auto investigación, la pregunta "¿Quién soy yo?" Se hace dentro de usted. Debe rechazar cualquier respuesta verbal que pueda surgir, y usar esta pregunta simplemente como una herramienta para fijar su atención en el sentimiento subjetivo de "yo" o del "yo soy". Conviértase en uno con él, profundice en él. Esto revelará su verdadero "yo", su verdadero yo como conciencia pura, más

allá de toda limitación. No es una búsqueda intelectual, sino una pregunta para llamar la atención sobre el elemento central de su percepción y experiencia: el "yo". Esta no es su personalidad, sino un sentimiento puro, subjetivo, de existir, sin imágenes o conceptos adjuntos. Cada vez que surgen pensamientos / sentimientos, usted se pregunta: "¿A quién le surge esto?" O "¿Quién es consciente de _____ (ira, miedo, dolor o lo que sea)?" La respuesta será "¡Soy yo!". Desde entonces preguntas "¿Quién soy yo?" Para devolver la atención al sentimiento subjetivo de uno mismo, de la presencia. Es pura existencia, conciencia sin objeto y sin elección. Otra forma de explicar esta práctica es enfocar la mente en tu sentimiento de ser, el "yo soy" no verbal que brilla dentro de ti. Manténgalo puro, sin asociación con nada de lo que perciba. Con todos los otros tipos de meditación, el "yo" (usted mismo) se centra en algún objeto, interno o externo, físico o mental. En la auto-indagación, el "yo" se enfoca en sí mismo, el sujeto. Es la atención dirigida hacia su fuente.

3) MEDITACIÓN CHINA
Meditaciones Taoístas

Origen y significado
El taoísmo es una [filosofía y religión](#) china, que se remonta a Lao Tzu. Hace hincapié en vivir en armonía con la naturaleza, o Tao, y su texto principal es el Tao Te Ching, que data del siglo VI A.C. Más tarde, algunos linajes del taoísmo también fueron influenciados por las prácticas de meditación budista traídas de la India, especialmente en el siglo VIII E.C. La característica principal de este tipo de meditación es la generación, transformación y circulación de la energía interior. El propósito es calmar el cuerpo y la mente, unificar cuerpo y espíritu, encontrar la paz interior y armonizar con el Tao. Algunos estilos de meditación taoísta se centran específicamente en mejorar la salud y proporcionar longevidad.

Cómo hacerlo
Hay varios tipos diferentes de meditación taoísta, y a veces se clasifican en tres: "percepción", "concentración" y "visualización". Aquí hay una breve descripción general:

• Meditación del vacío: sentarse en silencio y vaciarse de todas las imágenes mentales (pensamientos, sentimientos, etc.), para "olvidarse de todo", a fin de experimentar el silencio y el vacío interior. En este estado, la fuerza vital y el "espíritu" se recogen y se reponen. Esto es similar a la disciplina de Confucio de "ayuno corazón-mente", y se considera como "la forma natural". Uno simplemente permite que todos los pensamientos y sensaciones surjan y caigan por sí mismos, sin comprometerse o "seguir" a ninguno de ellos. Si se determina que esto es demasiado difícil y "poco interesante", el alumno recibe instrucciones de otros tipos de meditación, como la visualización y el Qigong

• Meditación de respiración (Zhuanqi):

para concentrarse en la respiración, o "unir mente y qi". La instrucción es "enfoca tu respiración vital hasta que sea extremadamente suave". A veces esto se hace simplemente observando la respiración en silencio (similar a la meditación de atención plena en el Budismo); en otras tradiciones es siguiendo ciertos patrones de exhalación e inhalación, para que uno se dé cuenta directamente de los "dinamismos del Cielo y la Tierra" a través de la respiración ascendente y descendente (un tipo de Qigong, similar al Pranayama en Yoga).
• Neiguan ("observación interna; visión interna"): visualizar dentro del cuerpo y la mente, incluidos los órganos, las "deidades internas", los movimientos de qi (fuerza vital) y los procesos de pensamiento. Es un proceso de familiarizarse con la sabiduría de la naturaleza en su cuerpo. Hay instrucciones particulares para seguir esta práctica, y se requiere un buen libro o un maestro.

Estas meditaciones se realizan sentados

con las piernas cruzadas en el suelo, con la columna vertebral erguida. Los ojos se mantienen semicerrados y fijos en la punta de la nariz.

El Maestro Liu Sichuan enfatiza que, aunque no es fácil, lo ideal es practicar "uniendo la respiración y la mente"; para aquellos que encuentran esto demasiado difícil, recomendaría enfocarse en la parte inferior del abdomen (dantian).

Qigong (Chi Kung)

Origen y significado Qigong (también deletreado chi kung o chigung) es una palabra china que significa "cultivo de energía vital", y es un ejercicio cuerpo-mente para la salud, la meditación y el entrenamiento en artes marciales. Por lo general, implica movimiento lento del cuerpo, enfoque interno y respiración regulada. Tradicionalmente se practicaba y enseñaba en secreto en las tradiciones budistas, taoístas y confucianistas chinas.

En el siglo XX, el movimiento Qigong incorporó y popularizó la meditación taoísta, y "emplea principalmente ejercicios de concentración, pero también favorece la circulación de energía en un modo alquímico interno" (Kohn 2008a: 120).

Las prácticas taoístas también pueden emplear Qigong, pero dado que Qigong también se aplica en otras filosofías chinas, decidí tratarlo como un tema separado.

Cómo hacerlo

Hay miles de diferentes ejercicios de Qigong catalogados, que incluyen más de 80 tipos diferentes de respiración. Algunos son específicos de las artes marciales (para energizar y fortalecer el cuerpo); otros son para la salud (para nutrir las funciones del cuerpo o curar enfermedades); y otros para la meditación y el cultivo espiritual. El Qigong se puede practicar en una posición estática (sentado o de pie), o mediante un conjunto dinámico de movimientos, que es lo que normalmente se ve en los videos de YouTube y en los DVD. Los ejercicios que se realizan como meditación, sin embargo, normalmente se realizan sentados y sin movimiento.

Para entender más sobre Qigong y aprender cómo hacerlo, recomiendo obtener un libro o un set de DVD del Dr. Yang Jwing Ming. Pero aquí va un resumen introductorio de la práctica de la meditación Qigong sentada:

• Siéntese en una posición cómoda. Asegúrese de que su cuerpo esté equilibrado y centrado.
• Relaja todo el cuerpo: músculos, nervios y órganos internos.
• Regule su respiración, haciéndola profunda, larga y suave.
• Calme su mente
• Coloque toda su atención en el "dantien inferior", que es el centro de gravedad del cuerpo, dos pulgadas por debajo del ombligo. Esto ayudará a acumular y enraizar el qi (energía vital). Donde esté su mente e intención, estará su qi. Entonces, al enfocarte en el dantien, estás reuniendo energía en este depósito natural.

- Siente el qi circulando libremente por tu cuerpo.

4) MEDITACIÓN CRISTIANA
En las tradiciones orientales (hinduismo, budismo, jainismo, taoísmo), la meditación generalmente se practica con el propósito de trascender la mente y alcanzar la iluminación. Por otro lado, en la tradición cristiana, el objetivo de las prácticas contemplativas es, se puede decir, la purificación moral y una comprensión más profunda de la Biblia; o una intimidad más cercana con Dios / Cristo, para la corriente más mística de la tradición. Aquí hay algunas formas de práctica contemplativa cristiana:

- Oración contemplativa, que generalmente implica la repetición silenciosa de palabras u oraciones sagradas, con enfoque y devoción
- Lectura contemplativa, o simplemente "contemplación", que implica pensar profundamente acerca de las enseñanzas y eventos en la Biblia.

- "Sentarse con Dios": una meditación silenciosa, generalmente precedida por la contemplación o la lectura, en la cual enfocamos toda nuestra mente, corazón y alma en la presencia de Dios.

5) MEDITACIONES GUIADAS

Origen y significado

La meditación guiada es, en gran parte, un fenómeno moderno. Es una forma más fácil de comenzar, y encontrará meditaciones guiadas basadas en varias de las tradiciones anteriores.

La práctica de la meditación requiere una dosis de determinación y fuerza de voluntad. En el pasado, las personas que practicaban la meditación estaban más comprometidas con ella y también tenían ideales fuertes que alimentaban su motivación. Su vida era más simple, con menos distracciones.

Vivimos en tiempos muy diferentes ahora. Nuestra vida es más ocupada. La fuerza de voluntad es un activo personal menos común. Las distracciones están en todas partes, y la meditación a menudo se busca como un medio para desarrollar una mejor salud, mejorar el rendimiento o mejorar uno mismo.

Por estas razones, la meditación guiada puede ser una buena forma de presentarte la práctica. Una vez que lo domines y desees llevar tu práctica al siguiente nivel, te insto a que pruebes la meditación sin ayuda de audio. Depende de usted decidir cuándo tiene ganas de dar este paso.

Cómo hacerlo

La meditación guiada generalmente viene en forma de audio (archivo, podcast, CD) y, a veces, audio y video. Encontrará que cualquier meditación guiada caerá en una de las siguientes categorías (con cierta superposición, obviamente).

• Meditaciones tradicionales: con este tipo de audios, la voz del maestro simplemente está ahí para "ilustrar" o "guiar" el camino hacia su atención, a fin de estar en un estado meditativo; hay más silencio que voz, y a menudo no hay música. Ejemplos son los ofrecidos por ThichNhatHanh y Tara Brach, que tienen sus raíces en auténticas prácticas budistas. El propósito es desarrollar y profundizar la práctica en sí, con todos los [beneficios](#) que conlleva.

• Imágenes guiadas: utiliza la imaginación y los poderes de visualización del cerebro, guiándote a imaginar un objeto, entidad, escenario o viaje. El propósito suele ser la curación o la relajación.

• Relajación y escáneres corporales: lo ayuda a lograr una relajación profunda en todo el cuerpo. Suele ir acompañado de música instrumental relajante o sonidos de la naturaleza. En Yoga estos se llaman yoga nidra. El propósito es la relajación y la calma.

• Afirmaciones: generalmente, junto con la relajación y las imágenes guiadas, el propósito de estas meditaciones es imprimir un mensaje en su mente.

• Golpes binaurales: los latidos binaurales fueron descubiertos originalmente en 1839 por el físico Heinrich Wilhelm Dove. Descubrió que cuando las señales de dos frecuencias diferentes se presentan por separado, una para cada oído, su cerebro detecta la variación de fase entre las frecuencias y trata de conciliar esa diferencia. Esto se usa para generar ondas alfa (10 Hz), que es la onda cerebral asociada con los niveles iniciales de meditación. Hay investigaciones científicas sobre por qué y cómo funcionan los latidos binaurales.

Meditación de bondad amorosa

El mero hecho de que estamos vivos hoy es un testimonio de la gran amabilidad de los demás.
Las cinco etapas de la meditación:

1. Preparación
2. Contemplación
3. Meditación
4. Dedicación
5. Práctica posterior
1. Preparación
Nos sentamos en la postura de meditación como se explicó anteriormente y preparamos nuestra mente para la meditación con meditación de respiración. Si nos gusta, también podemos participar

en las oraciones preparatorias.
2. Contemplación
Todos los seres vivos merecen ser apreciados por la gran amabilidad que nos han mostrado. Toda nuestra felicidad temporal y última surge a través de su amabilidad. Incluso nuestro cuerpo es el resultado de la bondad de los demás. No lo trajimos de nuestra vida anterior, se desarrolló a partir de la unión del esperma de nuestro padre y el óvulo de la madre. Una vez que fuimos concebidos, nuestra madre nos permitió amablemente permanecer en su útero, nutriendo nuestro cuerpo con su sangre y calor, soportando una gran incomodidad y finalmente pasando por la terrible experiencia del parto por nuestro bien. Vinimos a este mundo desnudos y con las manos vacías, y de inmediato nos dieron un hogar, comida, ropa y todo lo que necesitábamos. Mientras éramos un bebé indefenso, nuestra madre nos protegió del peligro, nos alimentó, nos limpió y nos amó. Sin su amabilidad no estaríamos vivos hoy.

Todos los que contribuyen de alguna manera a nuestra felicidad y bienestar merecen nuestra gratitud.

Al recibir un suministro constante de alimentos, bebidas y cuidados, nuestro cuerpo creció gradualmente del de un pequeño bebé indefenso al cuerpo que tenemos ahora. Todo este alimento fue proporcionado directa o indirectamente por innumerables seres vivos. Por lo tanto, cada célula de nuestro cuerpo es el resultado de la bondad de los demás. Incluso aquellos que nunca han conocido a su madre han recibido alimento y cuidados amorosos de otras personas. El mero hecho de que estemos vivos hoy es un testimonio de la gran amabilidad de los demás.

Es porque tenemos este cuerpo presente con facultades humanas que podemos disfrutar de todos los placeres y oportunidades de la vida humana. Incluso los placeres simples, como salir a caminar o ver una hermosa puesta de sol, pueden verse como resultado de la bondad de innumerables seres vivos. Nuestras habilidades y capacidades provienen de la amabilidad de los demás; Teníamos que aprender a comer, a caminar, a hablar y a leer y escribir. Incluso el idioma que hablamos no es nuestra propia invención, sino el producto de muchas generaciones. Sin ella no podríamos comunicarnos con los demás ni compartir sus ideas. No pudimos leer este libro, aprender Dharma ni pensar con claridad. Todas las instalaciones que damos por sentado, como casas, automóviles, carreteras, tiendas, escuelas, hospitales y cines, se producen únicamente a través de la amabilidad de los demás. Cuando viajamos en autobús o automóvil damos por sentado los caminos, pero muchas personas trabajaron muy duro para construirlos y hacerlos seguros para que los usemos.

El hecho de que algunas de las personas que nos ayudan pueden no tener intención de hacerlo es irrelevante. Recibimos beneficios de sus acciones, por lo que desde nuestro punto de vista, esto es una amabilidad. En lugar de centrarse en su motivación, que en cualquier caso no conocemos, debemos centrarnos en el beneficio práctico que recibimos. Todos los que contribuyen de alguna manera a nuestra felicidad y bienestar merecen nuestra gratitud y respeto. Si tuviéramos que devolver todo lo que otros nos han dado, no nos quedaría nada. Podríamos argumentar que no se nos dan cosas libremente, sino que tenemos que trabajar por ellas. Cuando vamos de compras tenemos que pagar, y cuando comemos en un restaurante tenemos que pagar. Es posible que tengamos el uso de un automóvil, pero tuvimos que comprarlo, y ahora tenemos que pagar la gasolina, los impuestos y los seguros. Nadie nos da nada gratis. ¿Pero de dónde obtenemos este dinero? Es cierto que, en general, tenemos que trabajar por nuestro dinero, pero son otros los que nos emplean o compran nuestros productos, por lo que indirectamente son ellos los que nos proporcionan dinero. Además, la razón por la que podemos hacer un trabajo en particular es que hemos recibido la capacitación o educación necesaria de otras personas. Dondequiera que miremos, encontramos solo la amabilidad de los demás. Todos estamos interconectados en una red de amabilidad de la que es imposible separarnos. Todo lo que tenemos y todo lo que disfrutamos, incluida nuestra propia vida, se debe a la amabilidad de los demás. De hecho, cada felicidad que hay en el mundo surge como resultado de la bondad de los demás.

Nuestro desarrollo espiritual y la felicidad pura de la iluminación total también dependen de la bondad de los seres vivos. Nuestro desarrollo espiritual y la felicidad pura de la iluminación total también dependen de la bondad de los seres vivos. Los centros Budistas, los libros de Dharma y los cursos de meditación no surgen de la nada, sino que son el resultado del trabajo duro y la dedicación de muchas personas. Nuestra oportunidad de leer, contemplar y meditar en las enseñanzas de Buda depende completamente de la amabilidad de los demás. Además, como se explica más adelante, sin seres vivos para dar, para probar nuestra paciencia o para desarrollar compasión, nunca podríamos desarrollar las cualidades virtuosas necesarias para alcanzar la iluminación. En resumen, necesitamos a otros para nuestro bienestar físico, emocional y espiritual. Sin otros no somos nada. Nuestra sensación de que somos una isla, un individuo independiente y autosuficiente, no guarda relación con la realidad. Está más cerca de la verdad imaginarnos como una célula en el vasto cuerpo de la vida, distinta pero íntimamente unida a todos los seres vivos. No podemos existir sin otros, y ellos a su vez se ven afectados por todo lo que hacemos. La idea de que es posible asegurar nuestro propio bienestar mientras descuidamos el de los demás, o incluso a expensas de los demás, es completamente poco realista.

3. Meditación

Al contemplar las innumerables formas en que otros nos ayudan, debemos tomar una decisión firme: `` Debo apreciar a todos los seres vivos porque son muy amables conmigo ". En base a esta determinación, desarrollamos un sentimiento de aprecio, una sensación de que todos los seres vivos son importantes y que su felicidad importa. Tratamos de mezclar nuestra mente de manera puntual con este sentimiento y mantenerlo todo el tiempo que podamos sin olvidarlo.

4. Dedicación

Dedicamos todas las virtudes que hemos creado en esta práctica de meditación al bienestar de todos los seres vivos al recitar las oraciones de dedicación.

5. Práctica posterior

Cuando surgimos de la meditación, tratamos de mantener esta mente de amor, de modo que cada vez que nos encontramos o recordamos a alguien naturalmente pensamos: "Esta persona es importante, la felicidad de esta persona es importante". De esta manera podemos hacer de los seres vivos nuestra práctica principal.

Meditaciones transformadoras

La meditación es un método para familiarizar nuestra mente con la virtud. Cuanto más familiar está nuestra mente con la virtud, más tranquila y pacífica se vuelve. Cuando nuestra mente está en paz, estamos libres de preocupaciones y molestias mentales, y experimentamos la verdadera felicidad. Si entrenamos nuestra mente para volvernos pacíficos, seremos felices todo el tiempo, incluso en las condiciones más adversas, pero si nuestra mente no es pacífica, incluso si tenemos las condiciones externas más agradables, no seremos felices. Por lo tanto, es importante entrenar nuestra mente a través de la meditación. Cuando nuestra mente está en paz, estamos libres de preocupaciones y molestias mentales, y experimentamos la verdadera felicidad. Hay dos tipos de meditación: meditación analítica y meditación de colocación. Cuando contemplamos el significado de una instrucción de Dharma que hemos escuchado o leído, estamos haciendo meditación analítica. Al contemplar profundamente la instrucción, eventualmente llegamos a una conclusión o hacemos que surja un estado mental virtuoso específico. Este es el objeto de la meditación de colocación. Habiendo encontrado nuestro objeto a través de la meditación analítica, nos concentramos en él de manera puntual durante el mayor tiempo posible para conocerlo profundamente. Esta concentración de un solo punto es la meditación de colocación. A menudo, la meditación analítica se llama simplemente "contemplación" y la meditación de colocación simplemente "meditación". La meditación de colocación depende de la contemplación, y la contemplación depende de escuchar o leer las instrucciones del Dharma. Dado que la mayoría de los problemas que experimentamos cuando somos nuevos en la meditación provienen del sobreesfuerzo en la meditación de colocación, es importante ser moderado y evitar ponerse tenso al ejercer demasiada presión. El esfuerzo que aplicamos debe ser relajado y constante, y cada vez que nos cansemos debemos descansar.

Postura de meditación

Cuando practicamos meditación necesitamos tener un asiento cómodo y una buena postura. La característica más importante de la postura es mantener la espalda recta. Para ayudarnos a hacer esto, si estamos sentados en un cojín, nos aseguramos de que la parte posterior del cojín esté ligeramente más alta que la delantera, inclinando la pelvis ligeramente hacia adelante. Al principio no es necesario sentarse con las piernas cruzadas, pero es una buena idea acostumbrarse a sentarse en la postura del Buda Vairochana. Si no podemos mantener esta postura, debemos sentarnos en una que esté lo más cerca posible de esta, mientras permanecemos cómodos.

Las siete características de la postura de Vairochana son:

1. Las piernas se cruzan en la postura vajra. Esto ayuda a reducir los pensamientos y sentimientos de apego deseoso.
2. La mano derecha se coloca en la mano izquierda, con las palmas hacia arriba, con las puntas de los pulgares ligeramente levantadas y tocando suavemente. Las manos se sostienen aproximadamente a cuatro dedos de ancho debajo del ombligo. Esto nos ayuda a desarrollar una buena concentración. La mano derecha simboliza el método y la mano izquierda simboliza la sabiduría: las dos juntas simbolizan la unión del método y la sabiduría. Los dos pulgares al nivel del ombligo simbolizan el fuego del fuego interior.
3. La espalda es recta pero no tensa. Esto nos ayuda a desarrollar y mantener una mente clara, y permite que los vientos de energía sutil fluyan libremente.

Los labios y los dientes se sostienen como de costumbre, pero la lengua toca la parte posterior de los dientes superiores. Esto evita la salivación excesiva al tiempo que evita que nuestra boca se seque demasiado.

5. La cabeza se inclina un poco hacia adelante con la barbilla ligeramente doblada hacia adentro para que los ojos estén bajos. Esto ayuda a prevenir la excitación mental.

6. Los ojos no están bien abiertos ni completamente cerrados, pero permanecen medio abiertos y miran hacia abajo a lo largo de la línea de la nariz. Si los ojos están bien abiertos, es probable que desarrollemos excitación mental y si están cerrados, es probable que desarrollemos un hundimiento mental.

7. Los hombros están nivelados y los codos se mantienen ligeramente alejados de los costados para que circule el aire.

Si queremos colorear nuestra mente con una motivación virtuosa, necesitamos despejar todos nuestros pensamientos negativos y distracciones. Otra característica de la postura de Vairochana es la meditación respiratoria preliminar, que prepara nuestra mente para desarrollar una buena motivación.

Cuando nos sentamos a meditar, nuestra mente generalmente está llena de pensamientos perturbadores, y no podemos convertir inmediatamente ese estado mental en el virtuoso que necesitamos como motivación. Un estado mental negativo y perturbado es como una tela negra. No podemos teñir un paño de color negro oscuro a ningún otro color a menos que primero eliminemos todo el tinte negro y hagamos que el paño sea blanco nuevamente. Del mismo modo, si queremos colorear nuestra mente con una motivación virtuosa, necesitamos despejar todos nuestros pensamientos negativos y distracciones. Podemos lograr esto temporalmente practicando meditación de respiración.

Meditación Respiratoria

Cuando nos hemos acomodado cómodamente en nuestro asiento de meditación, comenzamos a tomar conciencia de los pensamientos y las distracciones que surgen en nuestra mente. Luego, suavemente dirigimos nuestra atención a nuestra respiración, dejando que su ritmo permanezca normal. Al exhalar, imaginamos que estamos respirando todos los pensamientos perturbadores y distracciones en forma de humo negro que se desvanece en el espacio. A medida que respiramos, imaginamos que estamos respirando todas las bendiciones e inspiración de los seres santos en forma de luz blanca que entra en nuestro cuerpo y se absorbe en nuestro corazón. Mantenemos esta visualización de forma puntual con cada inhalación y exhalación durante veintiún rondas, o hasta que nuestra mente se haya vuelto pacífica y alerta. Si nos concentramos en nuestra respiración de esta manera, los pensamientos negativos y las distracciones desaparecerán temporalmente porque no podemos concentrarnos en más de un objeto a la vez. Al concluir nuestra meditación de respiración, debemos pensar: "Ahora he recibido las bendiciones y la inspiración de todos los seres santos".

En esta etapa, nuestra mente es como un paño blanco limpio que ahora podemos colorear con una motivación virtuosa como la compasión o bodhichitta.

Budismo hoy

Con el ritmo acelerado y el alto estrés de la vida moderna, muchas personas se están interesando en la filosofía pacífica del budismo. En particular, existe un interés muy profundo en aprender a meditar, tanto para superar el estrés y la ansiedad, como para profundizar la experiencia espiritual. En respuesta a este creciente interés, el budismo kadampa ofrece muchas formas diferentes de aprender sobre el budismo y practicar la meditación. El budismo kadampa se introdujo por primera vez en Occidente en 1976 por el renombrado maestro budista kadampa, el [venerable GesheKelsangGyatso](). Desde entonces, ha trabajado incansablemente para proporcionar todas las condiciones necesarias para apoyar a los profesionales contemporáneos. Ha escrito diecinueve libros auténticos sobre budismo que ahora se están traduciendo a muchos idiomas diferentes.

Una Red Mundial

Geshe Kelsang también ha establecido más de 1100 centros budistas Kadampa y grupos de estudio en 40 países de todo el mundo donde las personas de todas las culturas pueden entrenarse en meditación, mindfulness y otras prácticas budistas. Todos estos centros tienen maestros locales calificados y ofrecen clases introductorias, programas de estudio estructurados y retiros de meditación. Todos los centros budistas de Kadampa están abiertos al público.

Cada año, los budistas kadampas de todo el mundo se reúnen para festivales de meditación en los Estados Unidos y Europa, incluidos dos en Inglaterra, donde reciben enseñanzas especiales y empoderamientos y disfrutan de unas vacaciones espirituales.

Conclusión

¡Gracias nuevamente por descargar este libro!

Espero que este libro pueda ayudarte a meditar de manera efectiva y hacer que la meditación sea parte de tu vida diaria

¡Gracias y buena suerte!

www.ingramcontent.com/pod-product-compliance
Lightning Source LLC
Chambersburg PA
CBHW072008070526
44583CB00015B/1381